OHSAMA BUNKO

神さまの家庭訪問

キャメレオン竹田

三笠書房

プロローグ……「神さまのお導き」により書いてしまった本

わたくし、キャメレオン竹田が、伊勢神宮とその周辺にお参りにいったときのことです。

まずはじめに、大好きな神さまであるアメノウズメノミコト（天宇受売命）が祀《まつ》られている、伊勢国《いせのくに》（三重県）の鈴鹿《すずか》の地に鎮座する椿大神社《つばきおおかみやしろ》の境内《けいだい》にある椿岸《つばきぎし》神社に参拝しました。

二礼二拍手一礼……。

「アメノウズメさま、いつも、たくさんのお導きをありがとうございます。もし、アメノウズメさまに何かお悩みのことがあれば、わたしをどんどん使ってください！　あなたのお役に立つことができれば幸いです」

「書いて！」

「えっ、何をですか!?」

「わたしたちのことを」

「えっ!?　神さまのことを書けって、ことですか!?　どんなふうに？」

「書きたいように書いていいわよ！　言っておくから！」

「言っておくから？」

「あなたが訪ねていくことをみんなに言っておくから、その神社に祀られている神さまに、聞きたいことをなんでも聞いてちょうだい。

伊勢と、そして出雲《いずも》もぐる～っと回ってきてね！　わかった!?」

「わっ、わかりました！

しっかり、取材してきます。

あっ、ではさっそく、最初にアメノウズメさん、よろしくお願いいたします」

……という流れで、わたしはアメノウズメノミコトのお導きのままに、伊勢、そして出雲の地にある神社をぐる～っと巡ってきました。

そして**『古事記』に登場する「神さまオールスターズ☆」に自分らしく人生を大開運に導く方法を教えてもらい、本書を書くことになった**のです。

アメノウズメさんから順番に、十六柱の神さまに、次々と質問をしていきます。夢の実現、人づきあい、問題解決、金運アップ……など、一問一答の形で教えてもらいました。神さまのお姿のイラストの下の言葉が、その神さまからのお答えです。「教えてくれる神さま　アメノウズメ」というイラストから、そのお姿、お声を想像してみてください。

また、「読むだけでワクワクする『古事記』ハイライト」のページでは、これらの神さまたちのチャーミングな活躍ぶりをご覧いただけます。日本神話のこの〝ハイライトシーン〟も読んでいくと、まるで**神さまが自分のところに家庭訪問**してくれているような、清々《すがすが》しくて、ありがたくて、超パワフルな気分を味わえますよ。

それでは、はじまり、はじまり。

キャメレオン竹田

もくじ

1章 「好きなこと」から大開運！

……楽しみながら「自分のお役目」を果たせばいい

2章 軽くて、ゆるくて、全然OK！
……「気分がいい」と、心も頭もクリエイティブに！

3章 今のままで、すべては完璧!

……いつでも「自分を全肯定!」で生きる

4章 自分の「底力」をドカンと出せばいい

……遠慮なんて「ノーサンキュー」!!

5章

あなたの運気は、さらに上昇！

……「トントン拍子の人生」を作るポイントは？

6章 人生、ムダなことは一つもない！

……あんな困難、こんな難題、乗り越えてGO！

7章 あっさりお金持ちになるには？

……商売繁盛&金運UPのコツ

◆読むだけでワクワクする◆『古事記』ハイライト

巻末付録

キャメレオン竹田謹製「神さま来訪」シール

本文イラストレーション・写真　キャメレオン竹田

1章

「好きなこと」から大開運！

……楽しみながら「自分のお役目」を果たせばいい

「天の岩戸開き」

太陽神である、アマテラスオオミカミ（天照大御神）が、弟であるスサノオノミコト（須佐之男命）の大暴れから避難するために、天《あま》の岩戸《いわと》にひきこもってしまいました。

すると、世の中は真っ暗闇！

そのため、知恵の神であるオモイカネノカミ（思金神）や八百万《やおよろず》の神さまたちが、アマテラスを天の岩戸から自ら出てこさせるための作戦会議をします。

その結果、天の岩戸の前で〝エンタメの神〟であるアメノウズメが裸踊りをすることになりました。

その間、力持ちの神であるアメノタヂカラオノカミ（天手力男神）は、天の岩戸の横に待機！

アマテラスは、その作戦にまんまとひっかかります。

お祭りのように楽しそうな声が、外からドンチャカ聞こえてくるので、

「真っ暗闇のはずの外で、何が起きているの⁉」

とアマテラスは不思議に思い、岩戸の隙間《すきま》から、その様子をのぞき見します。

その瞬間、岩戸の横に待機していた力持ちのタヂカラオにより、アマテラスはひっぱり出され、世の

中に太陽の光が戻りました。

なお、アマテラスが再び天の岩戸に隠れないように、タヂカラオは、岩戸を遠くに投げておきました。

岩戸は、なんと、現在の長野県の戸隠《とがくし》まで飛んでいったそうです。

めでたし、めでたし。

1 自分らしく生きる方法

教えてくれる神さま
アメノウズメ

――アメノウズメさんの魅力は、なんといっても、自分が大好きなことをして、かつ人を喜ばせる才能にあふれているところです！

アメノウズメさんみたいに、**自分を楽しみながら生きる方法**を教えてください。

そんなの簡単だわ！　**「ありのままの自分」を出せばOK**よ！

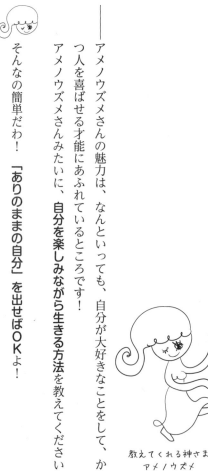

好きなこと、やりたいことをやって、言いたいことは伝えて、大切にしたい人、こと、ものをしっかり大切にしていけばいいわ。

「ありのままの自分」を出すことで、違和感がある人とは自然に縁が切れて、お互いに必要な人が自然と残っていくし、自分が楽しいことをしていると、必ず共感してくれる人も登場するの。

それでいて、自分をきちんと出して、そんな自分を楽しんでいると、必ず素敵なパートナーにも出会っていくわ。仕事のパートナーしかり、プライベートのパートナーしかりよ。

——その真逆、つまり、いい人と思われたいからとか、嫌われたくないからとか変な思惑《おもわく》で、自分の気持ちをねじ伏せて相手に合わせている人が多いですね。

人に合わせれば合わせるほど、自分の居場所はなくなるわよ。

――(;°Д°)

「好きなものは好き！　嫌いなものは嫌い！」でいく

好きなものは好き！　嫌いなものは嫌い！　これを相手にハッキリ伝えた方が、自分にも相手にも親切なの。みんなこれを隠す傾向があるのよね。

好きなことは、なんで好きかっていうと、それをする役目があるからなの。嫌いなことは、なんで嫌いかっていうと、それをする役目は他の人にあるということなの。とってもシンプルなのよね。

――わたしたちは、わかりやすくできているんですね！

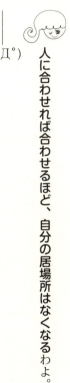

でも、好き嫌いを包み隠していたり、物事を損か得かで判断したりしていると、自分の特性を活かせないばかりか、自分を偽っているから、他人の居場所まで奪ってしまうことになりかねないわ。すると、みんなズレて、居心地が悪い感じに仕上がるのよ。

——パズルでたとえると、みんな違う場所に無理やりはめ込まれている感じになりますね。キツいし、はがゆい……。嘘つきは泥棒のはじまりならぬ……、**本音をねじ伏せることは、悪循環のはじまり**ですね!!

2

「自分にぴったりな仕事」は楽しくってしょうがない

——**楽しく仕事をする方法**についても教えてください！

自分に合う道は、楽しく感じるようになっているの。
あるいは、人よりも、楽に、無理なくできちゃうわ。

たとえば、わたしは、踊るのが楽しくって仕方がないけれど、将棋とか数学、物理とかは、これっぽっちも楽しいと思わないの。

――なるほど！　わたしも、絵を描いたり、人の相談にのったりするのは大好きだけど、球技とかマラソンとかは、これっぽっちも楽しいと思いませんね。

逆に言うと、**みんなの前で踊ることなら、お金を払ってでもやりたい**って思うのよ。

ある意味ね！

――わかります、それ！

「ある意味、お金を払ってでもやりたい！」って、わかりやすい基準ですね！

そういった「自分の心で感じること」を大切にしてほしいの。

自分の苦手なことを知っているって、とっても要領がいいことなの。
だって、それ以外のことをすればいいんだから。

必要でないことは、あまり興味が湧かなかったり、頭に入ってこなかったり、なかなか上達しなかったり、そういうふうになっているの。

だけど、小さい頃から、学校教育で勉強が義務づけられていたり、成績がいい人は「上」で、成績が悪い人は「下」、というように、ランクづけされたりするじゃない!?
「成績のランクが自分の価値」と思い込んでしまって、「好きなこと」なんて、どこかに忘れてきてしまうのよね。

そもそも、人間に上下なんてないからね。子供本人だけでなく、親も子供の成績や、社会の仕組みの上下に影響を受けるから、事態がややこしくなるの。

〝自分が本当にしたいこと〟から遠ざかってしまうの。

――それだと、「誰の人生!?」って感じになってしまいますね。ずっと、自分を評価してくれる「上」の存在を求めているというか……。

人それぞれ、お役目の方向は、楽しく感じるようにプログラミングされているの。

そして、自分が好きなことで、人を笑顔にすることを一生懸命していると、頼まれごとが増えていくし、いつのまにか仕事が広がっていくし、自分の出番が用意されていくのよ。好きなことは、必ず人の役に立つようになっているの。

――一石二鳥どころか、一石三鳥、四鳥ですね！

「それぞれの道」で成功している人の秘密

それぞれの道でうまくいっている人って、それが、たまたま好きで楽しくてハマっただけなの。

ピアニスト、書道家、歌手、プロデューサー、作家、パティシエ、美容師、農家、ライター、セラピスト、運転手、弁護士、経営者、ブロガー……。

「水を得た魚」になる場所は、人それぞれ千差万別なの。

だから、自分が心から楽しく感じることや好きなことに、とことんハマってみるといいの。そして、さらにそれで人を喜ばせていくと、賛同者や協力者も出てくるし、豊かにもなっていくわ。


――人もお金も増えていくってことですね！

いつも苦しさを感じている人は、ちょっと立ち止まってみるといいかもですね。

苦しく感じるときは、やりたくないことをしているのよ。

——「やりたくないこと」は、「他の誰かのやりたいこと」かもしれないですよね。

正解！「やりたくないこと」をやっているときって、他の誰かの席に座っちゃっているのよ。

楽しく感じるとき、心地よく感じるときというのは、本当の自分とズレていないの。

ちゃんと自分の席に座っているわ。わかりやすいでしょ！

みんなそれぞれに、自分の指定席が用意されているのよ。

そして、自分の席に座ると、机の引き出しが開いて、富をゲットできるようになっているの。

3

もっと人を頼っていい

——あっ、そうそう。

「全部、自分でやろうとしてしまう人」って、いますよね！

そういう人は、**人と信頼し合うことを学ぶ**といいわね。

それぞれの分野で得意な人と組むと、仕事や行事の広がり方、楽しさ、成功度

合いも、倍増していくからね。

だって、苦手なことを一からはじめるより、それが得意で楽しく感じる人に任せた方が、早いのよ。それに「人の役に立てる」って、人はうれしいもの。

野球やサッカーで想像してみたら、わかりやすいわよ！

それぞれが、一番得意な場所、輝ける場所でプレーするでしょ。

それに人を助けたり、助けられたりする人生の方が楽しいし、「楽しい道」の方がうまくいくからね。

4

相手を変えずに、自分を楽しむ

——人間関係がうまくいく秘訣を教えてください。

人間関係で悩んでいる人は、「相手を変えようとしている人」か、「相手に変えられようとしている人」なの。これをしている限り、ずっと悩むわ！

――アメノウズメさんたちが、アマテラスさんを天の岩戸から誘い出す作戦のときも、アマテラスさんのことを変えようとはしていませんでしたもんね！

そんなことをしたら、もっと出てこなくなっちゃうわ！

何かを誰かに強制されたり、コントロールされたりっていうのは、拒否反応が出るのよ。

あからさまに反抗できる人もいるけど、「本当の気持ち」を表現できない人なんかは、ストレスをため込んで、夜な夜な悩むのよ。

そもそも、人間は、「自分が一番正しい」と思う生き物なのよ。それは、性質だから仕方がないんだけどね。でも、それを人に押し付けるから、事態はおかしくなるの。

どんな人間関係においても、相手を私物化したり、コントロールしたり、人の自由の権利を奪ったりするのはNG。

自分を誰かに委ねてはダメ！

——でも、相手をコントロールしたがる人は、結構たくさんいます。
とくに自分の子供を支配している親とか、多いですよね。
「コントロールはんた〜〜〜い！」

子供は「一人の人間」として尊重しなければならないの。
子供は親のコントロールで育つのではないの。
子供は、親自身の行動を見て育つの。

もちろん、人生の先輩として、いけないことをしたら注意したり教えたりするのは、あたりまえよ。

価値観を押し付け、コントロールすることを続けていると、子供が大きくなったときに逆襲にあうというのもニュースであるでしょ！

それでいて、コントロールは無意識でしてしまうことが多いのよね。

あとね、これはたちが悪いんだけど……。コントロールする人に気に入られることによって、自分の価値を見出《みいだ》しちゃう人がいるのよ。


――あ、いますね！　そういう人。

優等生だった人に多い気がします。

これは危険なの。自分の「存在価値」を相手に依存すると、コントローラーの顔色や言動で、自分の存在価値を振り回されることになるわ。
しかも、そういう環境で育つと、自分からコントローラーを求めていくことがある。自分に自信がなさ過ぎて、自分自身の価値を見出せなくて、コントロー

ルされる方が楽になっていくのよ。
自由過ぎると不安になるの。矛盾しているけど。
恋愛でもなんでも、こういう人は相手を軸にしてしまうの。

とにかく、**自分を誰かに委《ゆだ》ねちゃダメ**なのよね。
誰かの部品になるために生まれてきたのではないの。

人生に「よそ見運転」しているヒマはない

人をコントロールするのも、人にコントロールされるのも、そもそも間違い。
人のことばっかり気にし過ぎないで、自分をしっかり生きて、そして自分を楽しむのが正解の道。

そして、それをしていると、「人を変えよう」という考えがなくなっていく。

周りが勝手に変わっていくわ。


たとえば、自分が運転している車は、自分で自由に動かせるけど、人が運転している車は、自分で自由に動かせないでしょ？

人が運転している車を、横から見て、「どうしてそっちに曲がるの！」とか、「昔は、あそこにぶつかったよね！」とか、いちいち、うるさいの！

だから、嫌われるの！

しかも、自分は、よそ見運転しているから、いろいろなところにぶつかる。

お互い、ものすごいストレスになる。


コントロールされる方も、それにいちいち反応したり、運転を任せてしまったりするから、行きたい方向に進めなくてフラストレーションがたまったり、たまに暴走してしまったり、自分の行き先を誰かに決めてもらうようになってしまったりするわ。

みんな、自分の車を運転することに集中すればいいの！

そうしたら、誰も交通事故にあわないし、安全運転で、楽しくなるわ。

そして、行きたいところに楽しく行けばいいの。それだけなのよ。

「わたしがなんとかしてあげなくちゃ！」とか言っている場合ではないの。

自分の運転に集中していれば大丈夫なの。

――**みんな、「よそ見運転し過ぎ！」**ってことですね！

5

「どうすれば目の前の人が得するか？」を考える

今から一番大切なことを教えるわね！
といっても、今までのことも大事なんだけど。
それはね……、

自分ができることで、人が喜んだり、得したりすることをしていくと、すべて

うまくいくということ。

——どうやったら、いいんですかね!?

それは、意外と簡単なのよ！

どうやったら、目の前の人が得するかを、ゲームのようにいちいち考えて、行動に移せばいいだけ。

ちょっとした感動を与えたり、相手の想像している以上のことを提供したり。

この**「ちょっとした差！」が、あとあと大きな差になっていく**の。

あとね、人間っていうのは、自分だけが楽しかったり、得したりしても、一緒に感動し合う人がいなかったり、オーディエンス（観衆）がいないと、つまらないのよ。

――たしかに、オシャレをしても、素敵な場所に行っても、「誰かに見せる」からうれしいものですよね。

インスタグラムが流行るのもわかります！　「共有したい」って気持ちがあるから。

「自分のため」は、もれなく「人のため」！

楽しいことは、「自分のため」と思いがちだけど、実は全部「人のため」なのよ！

オシャレも、自分の気分がよくなるだけではなくって、人の気分がよくなるオシャレをするといいのよね！

おいしい料理が出てきたら、「おいしい！　おいしい！」って食べると、作った人も喜ぶわよね。

「自分のためは、もれなく人のため！」

これを忘れずにいれば、うまくいくわ！

そして、**自分が楽しくできることで、人が得することは、神の仕事**なの。

――神事《しんじ》!!!

これを考えていると、アイディアなんて、どんどん生まれてくるわ。

それは、わたしたちがどんどんエネルギーを送っている印だからね。

覚えておいて！

で、忘れてはいけないのは、**「自分が楽しくて！」**っていう部分だからね。

つまり、好きなことをするのを外してはダメ。人は、何かと、ここを外しがちだからね。

……………

アメノウズメさんとは、いったんここでお別れをして、サルタヒコノカミ（猿田毘古神）をお祀りしている伊勢市の二見《ふたみ》興玉《おきたま》神社へ移動。

そして、アメノウズメさんから、「わたしを呼びたいときは、いつでも神楽《かぐら》鈴《すず》（写真）を鳴らしてね」と言われました。

2章

軽くて、ゆるくて、全然OK！

……「気分がいい」と、心も頭もクリエイティブに！

「道開き」

アマテラスの孫であるニニギノミコト（邇邇芸命）が、天上界（高天原《たかまのはら》ともいう）から地上界へ降り立つ（天孫降臨《てんそんこうりん》）ときのことです。

道開き神であるサルタヒコは、早々と道案内をするために、天上界から地上の世界に降りる道の辻《つじ》（天之八衢《あめのやちまた》）へ迎えにいきました。

しかし、アマテラスからすると、何者かが、通せんぼをしているように見えたの

で、何ごとにもブレないアメノウズメに、

「ちょっと見てきて！」

と頼みます。

これがきっかけで、サルタヒコとアメノウズメは運命の出会いを果たし、二人は結ばれたといわれています。

めでたし、めでたし。

6 道を切り開くには「素早さ」が大切

よく来たな！　アメノウズメから聞いておったぞ！

――おお！　情報共有が素早いですね！

いいか、**道を切り開くのには、素早さが大事**なのだ。

教えてくれる神さま
サルタヒコ

「とりあえず、やってみる！」これだけでも道は開ける。

その道が間違っていてもいいのだ。その行動は、「その道は間違っている、ということに気づくために必要だった」というだけだ。

そして、うまくいかないときも、すぐに行動することで解決の道が開ける。

——「なんか違った！」と思ったら、ズルズルしていないで潔く方向転換することで、難を逃れるとはよく聞く話ですね。

ズルズルするより、スパッと動く！

うまくいかない人は、たいがい、ズルズルしている。
手放し上手、軌道修正上手な人は、失敗することがあっても損害は最小限で済む。

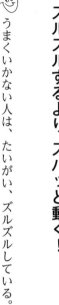

ズルズルしている人は、いつも、「どうしよう……」と言っているだけで、行動しない。

成功する人としない人は、これで見分けがつくくらい、わかりやすい。

とにかく、手と足を動かして、その体を運ぶのだ！

ワシなんて、先走り過ぎて、鼻が長くなってしまったよ！

――嘘でしょ!?（笑）
でも、たしかに、何かを決めるときでも、すぐにその場で手配する人もいれば、そのときに話すだけで、全然行動しない人もいますね。

「勇気がない！」というやつもいる。
人間は、変化を嫌う性質があるからな。
それはそれで、いつもと変わらないことを望むなら、ワシは止めない。

しかし、道を切り開きたいならば、心配、不安から立ち止まるのではなく、勇気を持って行動を起こす必要が出てくる。

これは、「どちらを選択するか」だけの話だ。

今のままか、そうではないか。それだけ。

——選択の自由!!

人を導いていける人、ただの天狗で終わる人

それから素早い行動は、いろいろな人に「道を示してあげる」ことができる。

「こっちは危ないよ!」とか、「こうやって進むとうまくいくよ!」とか。

そうやって、どんどん行動して、そのたびに周りに教えてあげていると、気がつくと、だいぶ素敵な場所にたどり着いているものだよ。
状況も出会う人も、どんどん素敵になっていく。
それぞれの道で、道を切り開いてきた人たちに出会うことが増えてくるからね。
見たいだろ、そんな世界を！

――おお、すばらしい！
周りに教えないで一人だけで行ってしまった場合は、どうなりますか？

伸びた鼻が、ただの天狗になってしまうかもしれないな。

――ただの天狗って…！ (;°Д°)

サルタヒコさんからの「道開き」のレクチャーを聞き、次は初代天皇・神武《じんむ》天皇の母であるタマヨリヒメノミコト（玉依毘売命）をお祀りする鳥羽市の〝石神さん〟（神明《しんめい》神社の境内社）に移動しました。

「海幸彦、山幸彦」

むかしむかし、兄のホデリノミコト（火照命＝海幸彦《うみさちひこ》）と弟のホオリノミコト（火遠理命＝山幸彦《やまさちひこ》）がいました。

ホデリは、海で釣りをすることが得意で、ホオリは、山で狩りをすることが得意です。

ある日、ホオリはホデリに道具の取り換えをしつこくお願いします。なかなか応じてくれませんでしたが、やっと、ホデリは大切な釣針を、ホオリの弓矢と交換してくれることになりました。

道具を交換した兄弟でしたが、お互いに獲物はありません。そこでホデリは、自分の釣針を返してほしいとホオリに言ってきました。

しかし、時すでに遅し……。

ホオリは、海で釣りをしていたときに、魚に釣針を持っていかれてしまったのです。

「なんだって!?」

ホデリはものすごい勢いで怒り狂います。ホオリが自分の剣から千本の釣針を作って差し出しても、頑として受け取ろうとしません。

困ったホオリが、海で途方にくれていると……。

潮の流れをつかさどる神さま、シオツチノカミ（塩椎神）がホオリを発見します。

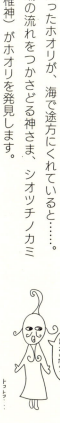

シオツチは、わけを聞くと、小舟を作ってホオリを乗せ、潮の流れの道を教えて送り出したのでした。

そんなこんなで、ホオリは竜宮城のような宮殿に到着します。

そこは、海の神さまであるワタツミノカミ（綿津見神）の宮殿でした。

さらに、ホオリは、ワタツミの娘であるトヨタマヒメノミコト（豊玉毘売命）に、トヨタマヒメはホオリに一目ぼれをして、電撃結婚することに。


そして、三年間も、ワタツミの宮殿に逗留《とうりゅう》しました。

時間も忘れるほどの夢見心地♥

しかしある日、ホオリは夢から覚めたかのように、急にここに来た理由を思い出し、ワタツミに失くした釣針のことを相談します。

すると、ワタツミは、海の中の魚を集めて、いとも簡単に、鯛《たい》の喉《のど》の奥にひっかかっていた、ホデリの釣針を見つけ出します。

ホオリは喜んで、その釣針を持って、元いたところに帰ることにしました。

その際、ワタツミは、ホオリに玉手箱ならぬ、水を支配するための二つの珠《たま》（潮《しお》満珠《みつたま》と潮干珠《しおふるたま》）をプレゼントして陸に送り届けます。

その後、ホオリは、その珠を使って、ホデリをこらしめました。

一方、残されたトヨタマヒメは妊娠していました。

そしてホオリの子供を出産するために、ホオリに会いにいきます。


しかし、出産するときは、トヨタマヒメは本当の姿になってしまうので、「それだけは見ないように！」とホオリにしつこく訴えました。


ですが、それは逆効果！

ホオリは、「本当の姿って!?」と、見たくて見たくて仕方がなくなり、ついに、鵜《う》の羽で屋根を葺《ふ》く途中の産屋《うぶや》の中のトヨタマヒメの出産シーンを、こっそり見てしまいます。

「さっ、サメ!!!???」

トヨタマヒメは、本当の姿を見られたからには、もう一緒にいることはできないと、海に帰ってしまいます。

しかし、トヨタマヒメの息子である、ウガヤフキアエズノミコト（鵜葺草葺不合命）のことが心配になり、養育するためにトヨタマヒメの妹であるタマヨリヒメを使いに送りました。

タマヨリヒメは、ウガヤフキアエズを大切に育てました。

その後、大きくなったウガヤフキアエズと、タマヨリヒメは結婚することになり、四人の子供を授かります。

なんと、その末っ子が、日本の初代天皇の神武天皇となります。

この神武天皇の母であるタマヨリヒメを祀っているのが、神明神社の境内にある〝石神さん〟です。

石神さんが、海女《あま》の国にあるのも納得ですね！

ちなみに石神さんは、「女性の願いを必ず一つだけ叶えてくれる」と古くから伝えられております。

もうお気づきかと思いますが、ホオリは浦島太郎のモデルになっています。

そして、コノハナノサクヤヒメ（木花之佐久夜毘売）とニニギの子供でもあります。その話は、のちほど（108ページ）。

7

「ゆるんだとき」に豊かさが生まれる

教えてくれる神さま
タマヨリヒメ

何かを生み出したいときや、叶えたいときは、ゆるんでいるといいの。

——ゆるんでいる？

何か生み出すとき……たとえば子供が生まれてくるとき、あるいは、何か排出するとき、最後はどんな感じになると思う？

――最初は力がいるけど、最後の最後は、「ファ〜！」って感じでしょうかね。観音《かんのん》さまみたいな感じかな!?　個人的なイメージ（笑）

「気分がいいこと、うれしいこと」にシフトチェンジ！

そう！　最後は、ゆるむの。
ゆるんだときに、出てくるの！
ゆるまないと、出てこないの！
だからね、何かを生み出したいとき、創り出したいとき、いいアイディアを出したいときは、ゆるんでいるといいの。

——やばい！　今、眉間《みけん》にしわを寄せていました！

あら、大変！　そういうときは、ちょっと心と体がゆるむことをしてみるといいわ。

気分がいいこと！
気持ちがいいこと！
うれしいこと、楽しいこと！
そっちにシフトすること。
そもそも、とくに女性は、クリエイティブな生き物なの。
頭で想像できることは、創造できるって証拠なの。

誰かのため、何かのために我慢してギュッとしながら生きる人生ではなく、自分で好きなものを選んで心と体がゆるんでいくと、いろいろ生み出すことができるし、豊かになっていくのよ。

……………………

ここで神明神社をあとにしたわたしは、志摩《しま》市にある「天の岩戸」（恵利原《えりはら》の水穴《すいけつ》）に出かけました。

木立の中を歩いていくと、アマテラスさんを天の岩戸から出す作戦を練った、あの神さまの姿が見えてきました。

8

心を動かされたら、人は自ら動いてしまう

教えてくれる神さま
オモイカネ

――あ！　まさかのオモイカネさん！

知りたいことがあったら、なんでも聞くといい！

――では、（アマテラスさんを動かした「知恵の神さま」であるから……）**人を動**

かす方法を教えてください。

あたりまえだけど、**人の気持ちをよく考える**こと！
心を動かされたら、人は自ら動くからね。
逆に言うと、人が動かないのは、人の心が動いていないからだよ。

「人の気持ちがわかる人」は無敵！

人の気持ちを考えて、知恵を出す！
そんなことばっかり考えていると、うまくいくよ！
「人が何を求めているか」がすべて。

アマテラスさんだって、暗闇のはずの外で、みんながやたらと楽しそうに何かをしていたら、見たくなるよね！

――絶対に見たくなりますね。

人を動かすときは、こちらの希望を押し付けたり、優先したりするのではなく、あちらの希望を叶えることだね!!!

………………

さすが知恵者のオモイカネさんでした。

天の岩戸をあとにしたわたしは、いよいよ伊勢神宮の外宮《げくう》（豊受大神宮《とようけだいじんぐう》）をお参りすることにしました。

ここは、トヨウケノオオミカミ（豊受大御神）、つまり、アマテラスさんのお食事係の神さまをお祀りするところです。

9

「心も体もリラックス」が一番大切

教えてくれる神さま
トヨウケ

——トヨウケさん！　食と健康について教えてください。

食べ物を楽しく、おいしく、食べる！

「おいしい！」って思うものを食べることって、すごく大事。

人は、そのときに欲しているものが、一番体が必要としているものなのよ。

本当によくできているの。

でも、依存症とか、甘い物を食べるのが止まらないとか、過食・拒食とか、そういうのは別だからね。

「食べなきゃいけない」とか、「食べちゃダメ」とか、無理に食べたり制限したりするのではなくて、おいしいものを楽しく食べる！

そして、「これは、体にいい！」って思いながら食べること！

食べながら幸せな気持ちになること！

これが大事。


――なるほど！

あとね、自分のペースを大切にすること。
会食とかで、食べたくないものを周りに合わせて頑張って食べなくてもいいの。
お腹いっぱいなら残してもいいの。胃の大きさは違うんだから。

とにかく、みんなと同じにしようとしなくていいからね。
そして、無理しないこと、精神的、肉体的に力を尽くし過ぎないこと、これが一番大事～♪

――なんか、そんな歌が昔あったような……。

逆に言うと、心も体もリラックスした状態でいれば、健康でいられるの。

――自分らしく生きることって、やっぱり大事ですね。

体調不良＝「軌道修正しなさい」のお知らせ

あとね、

体調不良になるのは、「軌道修正をしなさい」というお知らせ。

「体調不良になることで気づかせる！」という感じかな。


何かで思い詰めていたとしたら、「それをやめなさい！」。

何かをすることを我慢していたら、「それをやりなさい！」。

何かに執着していたら、「それを手放しなさい！」。

調子に乗り過ぎていたら、「それを改めなさい！」。

その他にも、

「そっちじゃない!!!　方向性を少し変えなさい！」

「その仕事はやめて、そろそろ自立して、本当に自分が輝ける仕事をしなさい！」

「自分を犠牲にし過ぎているから、自分を大切にしなさい！」

「全部一人で背負い込まずに、もっと人を信じて頼りなさい！」

……などなど、人によって、〝お知らせ〟の詳細は違うけど、今のままを続けるのではなくて、軌道修正しなさいということなの。

ポイントは、その本人が修正したり、改めたり、なんらかの行動や気づきが得られるまで、わりとしつこく仕掛けてくることがあるわ。

人間って、なかなか気づいてくれないのよね。

だから、体調不良になったら、今の自分を振り返ってみてほしい。

――大事ですね。

あとね、**タイミングの調整**のときもあるの。

ちょっとずらした方が、うまくいく場合とか、このまま進まない方が、その人にとって、いい学びがある場合。
あるいは、少し遠回りした方が、「いい展開」にもっていける場合ね。

――ありがたい機能ですね。

……………

さて、次に参拝したのは、伊勢神宮外宮（豊受大神宮）別宮の月夜見宮《つきよみのみや》と、内宮《ないくう》（皇大神宮《こうたいじんぐう》）別宮の月読宮《つきよみのみや》です。ここでは、アマテラスさんの弟（『古事記』では、性別ははっきりしませんが……）で月の神さまであるツクヨミノミコト（月読命）をお祀りしています。

ちなみに、『古事記』には、夜をつかさどる神であるツクヨミの詳しい物語はありません。実に謎です。

10

悩みは「たくさんの人を救うため」にある

夜寝る前に、マイナスなことを考えていないかい？

――まあ、そんなときもありますよね。

夜の魔法は、どんどん闇を膨らませる。

教えてくれる神さま
ツクヨミ

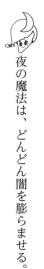

だから、もしも、夜寝る前に、マイナスなことを考えはじめたら、それを遮断して、すぐに寝るか、「こうなりたい！」という想像の方に切り替えること。

夜はイメージが拡大する。

いったんマイナス思考に取りつかれると、それを考え抜くことが快感になってしまい、果てしない闇への扉が開く。

さらに事実と妄想が絡《から》み合って、やたらと深刻化してしまうんだ。

自分も人も場所も、欠点を探しはじめたらきりがない。

不幸を選択し続けるクセがついてしまうと、一つ悩みがなくなると、新しい悩みをずっとさがすことになる。

悪いところではなくて、いいところをさがすこと。

どんな闇にいても、これさえできれば、明るくなる。

それから……悩みというのは、いつかたくさんの人を救うことになる。

「同じ悩みで苦しんでいる人」というのは、たくさんいる。

もしも、今悩みがあるならば、それは人を救うために使うことだ。

――はい!!!

11

占いは「自分の心を確認」するツール

——あ、ツクヨミさんは「占いの神さま」でもあるので、占いについて少し教えていただけませんか？

占いは、「自分の心の確認」として活用するといいね。

自分の中の答えと、占いの答えが合致したら、いい確認ができたということ。

自分の中の答えと、占いの答えが合致しなかった場合、それでも「自分の中の答え」の方が合っていると思えば、それを優先していい。
その気持ちの確認ができたというわけ。

――占いに主導権を握られるな、ってことですね。

あくまで、主導権は自分自身。

すべてのものに通じるけれど、**「自分はどうしたいか！」が一番大事**。

周りの情報は、参考程度。依存したとたん、執着したとたんに、人生は狂いだす。

――軸がブレると……つまり、家でもなんでも、「中心の柱」がグラグラになると危ないですよね。

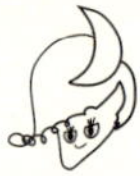

〝神さまの応援〟が入っている人

それから、これは言っておいたほうがいいかな。

「人を幸せにする占い師」と「そうでない占い師」がいる。

占い師というか、とくに霊能者のことだけど。

人を落ち込ませることや不安がらせるようなことを言う人がいたら、それは明らかに悪霊の仕業《しわざ》だよ。

霊能者は、霊と交信するけれども、霊というのは元々人間で、しかも、ほとんどは成仏《じょうぶつ》できていない浮遊霊だよ。

人間でも、いい人もいれば、悪い人もいるからね。

悪い人、つまり悪霊と繋《つな》がっている霊能者は、人を落ち込ませることしか言わないよ。

――わかりやすいですね。

逆に、**人を幸せにする言葉を発する人は、わたしたち神の応援が入っている。**
言葉は人を幸せにするためにあるんだよ！

……………

ツクヨミさんをお祀りしている内宮別宮・月読宮をあとにして、次はいよいよ伊勢神宮内宮の中心、アマテラスさんがご鎮座される皇大神宮の御正宮《ごしょうぐう》へお参りです。

3章

今のままで、すべては完璧!

……いつでも「自分を全肯定!」で生きる

12

一番大切なのは自分

「自分のこと」を大切にしているかな？

——アマテラスさんは、自分を大切にしていたからこそ、天の岩戸にひきこもったんですよね。

教えてくれる神さま
アマテラス

そうだね。**自分の一番の味方は自分**だから、しっかりと自分を守らなくてはいけないからね。

「何があっても、自分の絶対的味方は自分！」ということを忘れてはいけない。

理不尽な人や状況は、たくさんある。

どんなときも自分を責めずに、まずは、自分の味方をすること！


自分の人生に、人をやたらと連れ込まなくっていい。

そして、人の人生にも、やたらと入り込まなくっていい。

「キツいな」と思ったら、いったん〝自分の陣地〟に戻る

自分で自分を責めたら、どうしようもなくなる。

たとえば、ウイルスが自分の体の中に入ってくると、免疫機能が働いて、ウイ

ルスを攻撃する。
でも、免疫機能が暴走すると、自分の味方の細胞までも攻撃してしまう。

そうならないためにも、「自分は自分の味方だよ！」という考え方をしっかり自分にインストールしておくことが大事なのだ。

自分の気持ちを、自分で「わかるよ！」と理解してあげる。
「それはキツいね！」と、受け入れて抱きしめる。
わたしのように、ひきこもることがあってもいい。

その世界が自分と合わないならば、いったん自分の陣地へ戻ってしまえ。
そのままバグって（壊れて）しまうよりは、ずっといい。
パソコンだって、熱くなってしまったら、いったん強制終了するだろう。

——何がなんでも、自分の味方でいればいいんですね！
母親が赤ちゃんを守るように。

心とは「感情のかたまり」だから、赤ちゃんみたいなものだ。
それを自分でしっかり守って、そして大切にしていくこと。
自分で自分の心を虐待しないこと。
苦しみからは、苦しみしか生まれないのだから。

13

あなたもわたしも「そのまま」でいい

――アマテラスさんのように、存在するだけで、みんなを輝かせるにはどうしたらいいでしょうか？

まず、**自分を全肯定**すること。そして「あるがままの自分」を愛すること。今、どんな状況でも、それを「体験すること」を楽しみ、その経験を大切にするこ

と。

今のままで、すべては完璧なのだ。

自分が生まれてきてくれて、ありがとう。
自分の存在自体に感謝。
もっともっと、自分を好きになるといい。

自分を全肯定できる人は、人を批判したり、いじわるなことをしたりもしない。
自分に対する態度、感情は、人に対する態度、感情に比例する。
やたらと人を悪く言う人は、心の中で自分をすごくいじめているものだ。
だから、それをやめるといい。

――たしかに、本当に自分の人生を楽しく生きていて、自分の好きなことをしている人は、人のことを、「あ~だ、こ~だ」と噂《うわさ》したり、批判したりしないですもんね。

「自分の中の太陽」を輝かせる方法

自分を全肯定していると、あまり周りの言動に振り回されなくなる。
自分が中心にいて、周りが回っているイメージになる。太陽系の太陽みたいに。

——何か言われても、「で？　何か問題？」みたいな感じですかね。

そうだ。そして、自己評価を周りに依存しなくなるから、自分をきちんと尊敬できるようになるし、人のことも尊敬できるようになる。

そうすると、**自分の中の太陽が輝きだす。**

実は、みんな光そのものなのだよ。

自分が明るくなれば、周りを照らすことができる。

人を温かく見守ることもできるし、誰か困っている人がいたら、ちょっと近づいて、火をともしてあげるように助けてあげることもできる。


わたしは、みんなの心の中にいつでもいる。

ウキウキするときは、心の中のわたしも喜んでいる証拠。

それで、わたしの存在を確認してみるといい。


――心強い!!

14

誰もが「自分は価値がある人間だ」と思いたがっている

大切なことを言うから、心して聞くがよい。

人に「自己重要感」を与えれば与えるほど、成功への道が用意される。

魅力的な人は、自然とこれをマスターしている。

大事なのは、自分の自己重要感を満たしているからこそ、出会う人の自己重要感も満たしていくことができる、ということ。

――自分の自己重要感が低いと、どうなりますか？

「自分の存在価値」を自分で認めていないから、その代わりに人からの関心が必要になってくる。

そして、「エネルギーを人から奪う」という寄生がはじまる。

――どうやって相手のエネルギーを奪うのですか？

家族、恋人、部下など人間関係で「一番やりやすいところ」で、相手のエネルギーを奪っていく。

しかし、これらは〝一瞬の快楽〟に過ぎないから、麻薬と同じだ。

そして、「奪うと、さらに奪われる」という基本的な法則があるから、ずっと満たされることはない。

たとえば、相手のあらをさがして批判したり、あげ足を取ったり、何度も過去の失敗や嫌な思い出話を掘りおこしたりすることで感情を揺さぶり、自分に注目させ、エネルギーを奪う。

また、相手の仕事や環境、あるいはハマっていることにまでケチをつけたり、わざとみんなの前で批判したりすることで、ターゲットの心を傷つけて、エネルギーをごっそり持っていく人もいる。

それから怒鳴ったり、暴れたりして、相手をびっくりさせたり、動揺させたりすることでエネルギーを奪う。

あるいは、〝こんなかわいそうなわたし〟といった具合に悲劇のヒロイン話をして同情させたり、「あなたは、い～よね～！」などと訴えたりして、相手を「自分は何か、悪いことをしてるみたい……」という気持ちにさせて、エネルギーを奪う。

このタイプは、何かあると人のせいにするし、自分が行動できない理由も人のせいにするなど、常に自分を被害者に仕立て上げるからわかりやすい。

その他にも、人からの注目を浴びるためにやたらと話を大げさにしたり、作った自分を演じたり、おせっかいをやいて見返りを求めたり、自慢話ばかりしたり、わざと興味のないふりをしてみたり、あるいは相手に気がある素振りをして自分にハマらせてエネルギーを吸収していったりなど、いろいろな形で出てくる。

人の関心を引くことでエネルギーが自分に流れてくるからね。

人間の三大欲求の食欲、睡眠欲、性欲ってあるけど、実はエネルギー欲というのが人は一番強いのだよ。

――エネルギー欲!!

みんな人を巻き込み過ぎですね。

「気づいて褒めてくれる人」とみんな一緒にいたい

基本的に、誰でもエネルギーを欲する。

しかし、いつも人からエネルギーを奪ってばかりいる人は、自己重要感が著《いちじる》しく低い可能性がある。

原因の一つは、子供のときに、「だから、あなたはダメなのよ」「お母さんがいないとあなたは何もできない！」など、親から否定されたり、信じてもらえなかったり、愛をあまり感じ取ることができなかったりしたこと。こうした場合、自己重要感が育たなくなってしまう。

「自分は価値がない人間だ」と、自動的にインストールされる。

自分の価値に気がついて、少しずつ自分の自己重要感の穴が埋まっていくと、エネルギー漏れがなくなって、人の自己重要感を満たすことができるようになっていく。

逆に言うと、自分のエネルギーが足りていなければ、人に分けてあげることはできないからね。

人は、自己重要感を与えてくれる人のところに集まる。

自己重要感を満たしてくれる人といると、安心するし、「自分は自分でいいんだ！」と生きる喜びを感じられるのだよ。

人は小さな部分でも**「気づいて褒《ほ》めてもらえる」とうれしいし、みんな自分を気にかけてほしい**ものだ。

何度も言うが、人間は、相手の関心がほしい生き物。

〝できたての人間〟である、赤ちゃんを見ればわかるとおり。

そして、**みんな「自分は価値がある人間だ」と実感したがっている。**

――すべての人間の「根本」がここですね。

「やたらとかまってちゃん」や、「めんどうくさい感じの人」とかは、過去に自己重要感がしっかり育たなかっただけかもしれないですね。

あらさがし、難癖……〝身内〟ほど要注意！

それから、「自己重要感を剝奪《はくだつ》する人」という人がたまにいる。そういう人から、人は離れていくという法則があるのだよ。

相手の価値を否定することは、決して言ってはいけないからね。

たとえば、「いてもいなくても一緒」だとかは絶対、NGワード。

それから、人を小馬鹿にする冗談を言ったりね（芸人とか、互いにそういうやりとりが好きな人は別だよ）。

それを聞いて一緒になって高笑いをしている人も同罪。言われた側の心の内を客観的に感じ取ってみてほしい。

本当は嫌だと思っていても、場の空気を壊したくないとか、感情を出すのが恥ずかしいからという理由で本心を相手に伝えられず、ただニコニコしていたり、傷ついていないふりをしていたりする人は多い。


それから……。

距離が近い人間関係は、遠慮がなくなってくるから要注意だよ。

殺人事件の過半数は身内によるものだろう。

自己重要感の奪い合いは、危険だ。人間の本当に大切な部分だからね。

身内こそお互いを尊重しなければならない。

身内だからといって、遠慮なくあらさがしをはじめたり、負け惜しみからの難癖をつけたり……。

こういうのも全部、「自分は価値がない」と思い込んでいる人の言動だ。

身内に甘えているのだ。

自己重要感が疲弊《ひへい》していると、自分のことだけしか考えられなくなって、人のエネルギーを奪ってしまう。

しかも、何度も言うが、エネルギーは取りやすいところから取るものだ。

人の自己重要感を下げることをしていないか、振り返ってみてほしい。

そして、相手の自己重要感を満たしてあげることが、とっても大事なのだよ。

「神レベルの人」になるって、こういうこと

――「自己重要感」って、どうやって与えればいいんでしょう?

みんな認められたいのだ。そして、認められたら落ち着くのだよ!
だから、**人に対して、「幸せを願う気持ち」**を添えればいい。
「あなたが大切ですよ!」

「あなたを応援していますよ!」

「あなたをいつも気にかけていますよ!」

という、ありがたい気持ちを添えるのだよ。


そのためにも、**目の前の人に興味を持つ**ことも大事。

どんな人で、どんなことが好きで、どんなことが苦手か、といったことに興味を持つのだ。

人は、自分に興味を持ってくれる人を好きになるものだよ。うれしいからね。

人に自己重要感を与えていく人は、わたしたち神々と同じことをしているわけだから、神レベルだ!

そして、**神レベルになることが、人間の目標**でもあるのだ。

また、自己重要感を与えることは、人にいいエネルギーを与えることになる。

そうすると、もれなく、いいエネルギーを受け取ることができる!

与えると、もっと与えられるからだ。
こんなことばかりしていると、そなたがどこにいようとも、そなたを求めて人が会いに来るようになるだろう。

――神レベル!!!

15

「エネルギーの使い道」を間違えない

嫉妬に関して、少し話しておこうと思う。

——嫉妬している時点で、負けを認めていることになりますよね。

「自分にないもの」にフォーカスして、他の人の道ばかりを気にしたり、他の人の道を歩もうとしたりしている人がいるが、まったく無駄なことだ。
人それぞれ、自分以外の存在には絶対になれないし、一人ひとりに違う道がきちんと用意されているから安心するといい。

――嫉妬しているということは、ものすごいエネルギーをその相手に費やしていますよね。

その人のことを考えまくっているわけだから。
ある意味、「好きなのか!?」というくらいに。

そういう人は**エネルギーの使い道**を間違っている。
エネルギーは、うまく使ってほしい。
エネルギーは、たくさんの人を喜ばすために使うものだ。
エネルギーは、使い道を間違えると、爆発したり、自分を蝕《むしば》んだりする。

しかし、正しい使い方をすると、人を喜ばすことができるのだよ。そして、自分もどんどん元気になる。

――みんな本当に、周りを気にし過ぎということですね。

嫉妬したり、比べたり、自分に集中してほしかったり……。

基本、「自分のことばっかり」な人が、嫉妬するのかもしれないですね。

「負けたくない」と思うこと自体は悪いことではないが、だからといって、相手のことばかり考えて一喜一憂するのはよくない。相手に腹を立てたり、束縛したり、攻撃したり、邪魔したり、そういったことにエネルギーを使うのは、エネルギーの浪費でしかない。だから、どんどん負けてしまうのだ。

――負けたくないのに、全力で逆走している感じですね！

嫉妬に振り回されない人は、エネルギーをきちんと自分に使っている。エネルギーの浪費をしていないからだ。

「エネルギーの使い道」を修正しないと、その差はどんどん大きくなる。

「となりの国との戦争にエネルギーを注いでいる国」と、「新しいテクノロジーの開発にエネルギーを使っている国」との違いを見れば、わかるだろう！

――一目瞭然ですね。

……………

ここでアマテラスさんのところをおいとまし、内宮の所管社で、コノハナノサクヤヒメを祀る子安《こやす》神社と、コノハナの父であるオオヤマツミノカミ（大山津見神）を祀る大山祇《おおやまつみ》神社にお参りすることにします。

4章

自分の「底力」をドカンと出せばいい

……遠慮なんて「ノーサンキュー」!!

「天孫降臨」と「天つ神の子」

ニニギ（アマテラスの孫）が、天孫降臨（アマテラスの孫が天上界から地上界へ降り立ったこと）し、無事に高千穂《たかちほ》の峰に到着します。そして、しばらくして、ものすごく美しい神さまに出くわし、一目ぼれをします。それがコノハナノサクヤヒメです。

そこで、ニニギは、コノハナに結婚を申し出ます。

すると、コノハナは、「父がOKって言うか、聞いてくる！」と、父のオオヤマツミノカミに相談しにいきます。

すると、オオヤマツミは、コノハナを嫁に出すのであれば、コノハナの姉のイワナガヒメ（石長比売）も一緒に嫁として差し出すと言います。

「姉妹をセットでどうぞ!!!」

というわけです。

ところが、ニニギは、イワナガがまったく好みのタイプではなかったので、イワナガだけオオヤマツミの元へ帰しました。

すると、オオヤマツミは怒り心頭！

このイワナガの結婚不成立騒動が原因で、代々の天皇の年齢に限りがあるようになったとか。

つまり、イワナガを娶《めと》っていれば、子孫の歴代天皇は、岩のように盤石《ばんじゃく》で長い（イワナガ）寿命を手

に入れることができたのに！　とオオヤマツミは怒り嘆いたのです。

さらに、コノハナが、一晩でニニギの子供を妊娠したことをニニギに打ち明けると、ニニギは「本当にオレの子か!?」という最低発言をします。疑いをかけられたコノハナは、身の潔白のあかしとして、産屋に火を放ち、炎の中で出産をしました。

天《あま》つ神《かみ》（天上界の神、または、天から降り立った神。ここではニニギのこと）の子ならば、火の中でも亡くなることはないから、という理由です。

そして、コノハナは無事出産をして、身の潔白を証明します。

こうして生まれたのが、長男ホデリ、次男ホスセリノミコト（火須勢理命）、三男ホオリ（通称：浦島太郎！）であります（ホデリとホオリの話は54ページ）。

オオヤマツミを祀っている神社の総本宮は、愛媛県今治《いまばり》市大三島《おおみしま》町の大山祇《おおやまづみ》神社です。コノハナを祀っている神社も全国にたくさんありますが、総本宮は静岡県富士宮《ふじのみや》市の富士山本宮浅間《ふじさんほんぐうせんげん》大社です。

ですが、わたしは今、伊勢にいるので、伊勢神宮の内宮所管社である子安神社、大山祇神社にご挨拶《あいさつ》させていただきました。

ちなみに、オオヤマツミはイザナギノミコト（伊邪那岐命）とイザナミノミコト（伊邪那美命）の子であり、山の神です。

16

感情をガツンと吐き出すことも大事

教えてくれる神さま
コノハナ

――コノハナさんのように**美しくなる秘訣**を教えてください。

何ごとも、わかりやすく、そして派手にするといいわ！
自分という存在をしっかりアピールしないとね。
しっかり押し出すの！　ドンとね。

「これが、わたくしですが、何か!?」と。

——そのためには、自信も必要ですよね!?

それも大事だけど、それ以上に、自分をしっかり尊敬すること。
だから、誰になんと言われようと、そこで凹《へこ》むのではなくって、**暴れるくらいがいいの！　噴火よ！**

——さすが、別名、富士山の神さま！
でも、そうすると、男性が引きませんか？

ヒステリーとか八つ当たりは、単なる迷惑だし、引くに決まっているわ！
ただ、相手を責めるのでもなんでもなく、**自分の感情を吐き出すだけなら問題ないの**。

逆にはっきり口に出さないと、気持ちってわからないことも多いのよ。

そして、実はね、**男は、潜在的に芯《しん》がしっかりしている女が好きなの！** 女性が「守って～！」とか言っている間は、男は「かっこつけなくちゃ！」とかプレッシャーの中で頑張っているんだけど、最終的には甘えん坊だし、女性を頼りにしたいのよ！　母性を求めているの。だから、**女性は自分や何かを守るための底力みたいなものを持っているといい**わよ！

――男性の言いなりになっている女性に伝えたいですね。

〝違和感〟があったらハッキリ言う

――あと、聞かれたくないことや、ハッキリさせたくないことがあると、「その話はするな！」的なオーラをかもし出したりする人っていますよね!?

そんなヘンテコなオーラに支配される筋合いはないのよ。

何か違和感があったり、自分に非がなかったりするのにもかかわらず、一方的に責められたり、嫌味を言われたりしたら、ガツンと吐き出してみればいいのよ。

相手がどうのこうのではなく、自分のために。

そうすると、相手は、びっくりして、一回、自分の陣地に戻るから。

リセットされる感じ。

——それって、相手から自分の主導権を取り戻すのにとっても大事なことですね！

わたしたちは、ついつい、自分の主導権を相手に渡してしまいがち……。

本当に危ない！

とにかく、わたしが何を言いたいのかというと、自分をちゃんと尊敬して、大切になさいということ。

これ、アマテラスさんも言ってたでしょ。すごく大事だからね。

一番大切な人、一番身近な人、切っても切れない人って、自分だからね。

――そうですね、どんな状況でも、幽体離脱する以外に、自分から離れることはできません！

〝存在するだけ〟で安心感を与える人

わたしは、のちのち富士山の神さまとなったけれど、富士山はね、そこに存在しているだけで、たくさんの人が集まってくるのよ。
遠くから眺めてくれる人もいる。
存在しているだけで安心感を与えることもできる。
春には草花が色とりどり豊かになり、みんなが集まってくる。
夏には木々が生い茂って、
秋には紅葉で赤く染まり、
冬には雪の帽子をかぶって……あ、冬でなくてもかぶっていたわね（笑）

そして、**相手を責めるのではなく、自分の花を咲かせるために噴火**するの。
桜吹雪のような素敵な噴火なのよ！

わたしは、わたしを尊敬しているの。
そうすれば、そこにいるだけで、みんなが安心し、みんなが集まってくるわ！
富士山がよそよそしかったら、みんな嫌でしょ⁉

みんなも、そんな人になってほしい。

人それぞれ、そこに存在するだけで、とっても魅力的なの。

自分で自分をけなしたり、周りにけなされたりする必要はないのよ。


それが美しさであり、人を魅了する秘訣ね。

そして、どんどん目立っていいのよ。

あなたがそこに存在するということを知ってもらうって、とても大事なの。

あなたが知っている人やことって、あなたが発見したからよね！

だから、あなたも〝発見される〟ようにしていくと、あなたを見つけて喜ぶ人が出てくるの。

あなたも富士山なのよ!!!

17

「魅力あふれた人」になるには

「自分のことをどう思っているか」って大事なの。

——どうしてですか？

「自分が自分をどう思っているか」を、周りの人の言動が証明してみせてくれ

るの。

——たとえば、自分のことを「わたしって、ダメ人間！」って思っていたら？

あなたが、いかにダメ人間かを知るような扱いを、周りから受ける。

——じゃあ、自分のことを、「わたしって、なんてすばらしい人間！」って思い込んでいたら？

あなたが、いかにすばらしい人間かを知るような扱いを受ける。
つまり、あなたが心の中でどう思っているかを、人を通して再確認していく感じになるの。
だから、もしも、魅力的な人間になりたいのなら、自分の心の中で「自分はとても魅力的な人間！」と思うことが大事なの。

いつも人からバカにされてしまう人は、「どうせ自分はバカにされる人間」って思っているの。だから、必ず自分をバカにする人が登場するの。

あとね、そういう……「自分がみじめになる環境」を自ら選んでしまったりするの。

または、そういう環境から脱出してもいいのに、しないの。不思議よね。

——あああ……すごくよく、わかる！

「自己評価」は自由につければいい

自分で自分をどう評価し、どう思うのかは自由。だから、自分のことをしっかり愛して大切にしていくことが、魅力的な人間になるための第一歩なの。

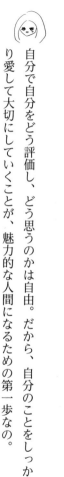

——登場してくる人物の言動や環境で自尊心を再確認できるなら、実践しやすいです。

ときどき、チェックしてみます。

18

人の機嫌はとらない

で、次に大切なのは、**人の機嫌をとらなくていい**ということ。

――機嫌の悪い人が近くにいると、場の空気がピリピリしますよね。

そういう人は、「機嫌の悪いエネルギーを放出していれば、誰かが自分の気分

をよくしてくれる！」と、甘えているの。

だから、それに乗っちゃダメ。赤ちゃんは、逆にその機能をフルに使わないといけないのだけど……。

その名残《なごり》を持ったまま大人になっている人は、放置！

「自分の気持ちを汲《く》んでくれ！　そして、自分の気分を害したら許さない！」といったように、自分がいい気分になるために、人を巻き込む。

でも、それでは、永遠に満足できないの。

だから、見た目だけではなく、心も大人になってもらわないとね。

――避難できるときは、避難するのが一番ですよね。

わたし、避難するタイプ！

そうね！　でも、そうもいかない場合もあるからね。

そんなときは言ってあげればいいわ。

「あなたがイライラしている問題は、わたしにはまったく関係ない！　迷惑行為です」と。

――（゜Д゜）

エネルギーを吸い取られるだけの〝いい人〟にならない

相手にこんなふうにハッキリ言えば、スッキリするでしょ！　スッキリするってことは、正解なのよ。

そして、一番大事なのは、相手に振り回されることを選択するのではなくて、自分が楽しいこと、気分がよくなることを選択していくことよ。

相手に振り回されても、なんにも解決しないばかりか、相手は、それがクセになるから、またやるの。
しかも、そういう行為は、人に嫌われることを、誰かが教えてあげないといけない。

――人生は、自分の主導権を人に渡してしまうワナが、至るところに張りめぐらされていますね！　ブレないように意識をしていないといけないですね。
相手が勝手に怒っているだけで、こっちが悪いことをしたわけではないのに、罪悪感を持ってしまう場合もありますからね。

優しい人はそうなりやすいけど、それは優しさではないのよね。
ただ、エネルギーを吸い取られているだけ!!!

――(°Д°)

そのような罪悪感は捨ててよし！
不機嫌になって、強制的に相手を変えようなんていう作戦には、乗っちゃダメ！

——大きな赤ちゃん、はんた〜〜〜い！

19

「完璧な人間」なんて幻想はポイッと捨てる

なんで人って、怒ると思う？

——「期待を裏切られる」からですよね。

そうね。「こうしてくれるはず！」ってね。

その人それぞれの、勝手な期待やルールが裏切られると、怒りに変わる。
自分にイライラする人は、自分に期待している。「わたしには、できるはず！」って。
でも、期待どおりにいかないと責めるわね！
相手にも同じ原理が働くの。

――「期待してしまう人」や「ルールを曲げられない人」は、どうすればいいでしょうかね。

認めてしまえばいいの。
「それが人間だ！」って。
そもそも、**完璧じゃないから、生まれてくる**の。
完璧な人間なんて、どこにも存在しないからね。

それなのに、完璧を期待するから、怒りに変わる。

親はこうあるべき。子供はこうあるべき。
旦那は、嫁は、友達は、店員は、タクシー運転手は……こうあるべき。
これをやめるといいわ。

それは、自分の「完璧主義」が勝手に生み出したルールに過ぎないの。
完璧主義者だと、自分の価値観で、自分も相手も責めだすの。

——自分の価値観に合えば認めてあげるけれど、価値観に合わなければ許さないということになると、その人もその周りの人も息苦しくなりそうですね。

心の許容範囲がグーンと広がる話

完璧主義をやめれば、誰かに勝手に期待して、期待どおりではなかったとしても、

「人間だからそんなこともある」

と許容できるようになるのよ。

「もしかして、こういう状況だったのかもしれないしな」

と、いろいろな角度や相手の視線で物事を考える余裕も生まれる。

そして、自分が何かで失敗をしても、「わたしは人間だからな～」と許容することができるわ。

さらに、期待していない分、誰かが何かしてくれたとき、感謝に変わるの。

――完璧主義よ、飛んでいけ～!!

……………

さぁ、これで伊勢の旅は終了。

わたしは出雲の地へと足をのばすことにしました。まずは、イザナミとイザナギをお祀りする、松江市の神魂《かもす》神社にお参りです！

5章 あなたの運気は、さらに上昇！

……「トントン拍子の人生」を作るポイントは？

「国生み」

天地が分かれた頃、天上界に次々と神さまが生まれました。天の偉い神さまたちが、最後に生まれた兄妹の神、イザナギ（男）とイザナミ（女）に、天沼矛《あめのぬぼこ》というヤリみたいなものを渡して、これを使って地上界を整えるように言いました。

イザナギとイザナミが、その天沼矛を使ってドロドロとした大地をグルグルとかき回すと、矛の先からしずくがポタッ

と落ちて、それが「おのごろ島」になりました。

そして、二人は、おのごろ島で夫婦となり（兄妹なのに!?）、次々と日本列島のいろいろな島々と神さまが生まれました。

山の神、海の神、川の神、土の神、風の神、木の神、刀の神、食べ物の神……とにかく、たくさん！


しかし……。

最後に火の神であるヒノカグツチノカミ（火之迦具土神）を生んだイザナミは、大やけどを負って、他界してしまいました。

イザナギは、イザナミの死の原因となったヒノカグツチを殺害します。

すると、ヒノカグツチの血や体からも、たくさんの神さまが生まれました。

その後、イザナギはイザナミを追いかけて、「あの世」である黄泉《よみ》の国へ迎えにいきます。

そして、大きな石の扉越しに、イザナギとイザナミは会話をします。

イザナミは、言いました。

「黄泉の国の神々と同じ釜の飯を食べて仲間になってしまったので、もう帰れないのです。だけど、戻れるかどうかを、黄泉の国の偉い神さまに相談してくるから、しばらく待っていてください。その間、わたしのことを絶対見ないで！」

しかし、それっきりで、イザナミは戻ってきません。

イザナギはしびれを切らし、約束を破ってイザナミのところに押しかけると……。

そこにいたのは、ホラー過ぎる状態のイザナミさんでした。

「ギャ〜〜〜〜〜〜!!!」

イザナギは驚いて、とにかくダッシュで逃げます。

すると、イザナミは、恥ずかしい姿を見られた怨《うら》みや怒りで、黄泉の国の鬼女《きじょ》たちに、イザナギをすごい勢いで追いかけさせます。

イザナギは、逃げ道の黄泉《よもつ》比良《ひら》坂《さか》のふもとに生えていた桃の実を三つ取り、追いかけてきた黄泉の鬼女や雷神に向かって投げました。すると、なんと桃の呪力によって追手《おって》は退散していったのです。

この功績をたたえて、イザナギは、

「桃の実よ、わたしを助けたように、この世に生きるあらゆる人々を苦しみから助けてやってくれ」

と告げて、桃の実にオオカムヅミノミコト（意富加牟豆美命）という名を与えます。「邪気払いの

神」の誕生です。

そして、イザナギは逃げ切って、「あの世」と「この世」の出入口を大きな岩でふさぎます。

最後に追ってきたイザナミは、

「これからおまえの国の人々を一日千人、絞め殺す！」

と捨て台詞《ぜりふ》を吐きました。

それに対して、イザナギは、

「それなら、わたしは一日に千五百人生ませる!!!」

と応えました。

こうして、「この世」と「あの世」の境目ができ、この世の人口が増えるのでした。

そのあと、イザナギは筑紫《つくし》に渡り、清らかな川で、今までの汚らわしさを祓《はら》うために、禊《みそぎ》をします！

そのときに、左目からアマテラス、右目からツクヨミ、鼻からスサノオが生まれます。

これらを三貴子《さんきし》（みはしらのうずのみこ）と称します。

太陽の神であるアマテラスは、天上の世界へ上って昼の世界を、ツクヨミは夜の世界を、スサノオは海の世界を、それぞれ統治することになります。

なお、その他にも、あの、トヨタマヒメとタマヨリヒメの父である海の神さまのワタツミなども誕生しています。

めでたし、めでたし。

20

「運」は伝染する

――イザナミさん、「運」について教えてください。

運は伝染するからね。できるだけ運のいい人と一緒にいるといいわよ。

そして、**四つの「運」伝染ポイント**があるの。

教えてくれる神さま
イザナミ

――教えてください！

①「運のいい人」と食事をする

まず一つ目は、一緒に食事をすること。そうすると運って伝染するのよ。

――じゃあ、運がいい人と一緒に食事をするって、いいことですね！

そう、大事なの。どんな運をもらいたいかで、一緒に食事をする人を変えても面白いわよ！

――なるほど。裏ワザ的ですね！

②「運のいい人」から名前をもらう

そして二つ目は、自分よりも運がいい人から**名前をもらうことで、エネルギーの交流が起こる**わ。

——名前！　たしかに、歌舞伎役者の襲名とか、結婚して苗字が変わるとかすると、運の流れが変わりますものね！

あとね、名前というのは、その人にとって自分という存在の証《あかし》だから、とても素晴らしいものなの。

だから、相手と話をするときは、名前をどんどん呼ぶといいの。

親しくなりたい人なら、下の名前を呼ぶことで、より相手の存在を認めてあげるといいわ。

犬や猫だって、名前を呼んであげると大喜びするでしょ！
本当に大切だからね、名前というのは。

③「運のいい人」とスキンシップする

そして三つ目は、運がいい人と肌を触れ合うこと。
握手もね！
ただ、この三つ目は、ちょっと特殊なの。強運な人のなかには、相手の運気を無意識のうちに吸い取ることで運を強くしていく人がたまにいるの。
だから、三番目はちょっと注意が必要になるわ。

——そういう人の見破り方とかってありますか？

その人の周りの人たちが「生気がない感じ」だと、ちょっと注意。

その人の周りの人がとても楽しそうで元気なら、大丈夫ね。

④「運気のいい場所」に住む

四つ目は、自分が長くいる場所、つまり**「住む場所」は、運に直《ちょく》でリンクする**から大事なのよ。

住んでいるところの居心地がいいなら、まあ大丈夫。

でも、家に帰りたくないとか、家にいると感情がマイナスの意味で大きく揺さぶられるなら要注意ね。

引っ越してから調子が悪いとか、人間関係が悪化するといった具合に影響が顕著に出ているならば、その場所の運気が関係していることがあるわ。

逆に言うと、引っ越してから運が上昇したり、物事がトントン拍子で進むようになったり、素敵な出会いが増えたならば、それは「運気のいい場所」ということになるの。

あとね、**何かを決めるときは、運がいいときにするといい**わよ。

つまり「心身ともにいい感じ」のときね。

「いい感じ」のときの選択は、「いい感じ」を連れてくるからね。

覚えておいて！

――はい!!!

タイミング上手は「運上手」

でね、そもそも運がいい人というのはね、「運のタイミング」に乗るのが上手な人のことをいうの。

何かあっても、

「あっ、これはこういうお知らせね！」

「あっ、これはストップということね！」

と、運ばれてくる状況を直感的に判断できることが大事。


「うまくいかなくていいこと」は、変更になったり、その話がなくなったりするの。とてもうまくできているわ。

そして、そういうことを、無理やり推し進めたりすると運が悪くなるのよ。


——微妙に時間がズレて会えなかった人は、会わなくてよかった人だったり、流れてしまった仕事は「やっぱり受けなくてよかった！」という仕事だったり、というのは、よくありますね。

運が味方してくれていると、すべてがスムーズに整いだすの。

それはまるで、お膳立てされていたかのように。
パズルが一斉に気持ちよくハマっていくように。
そこには、一切の努力や我慢も存在しないのよ。
魔法みたいでしょ！

——よっ、**タイミング上手は、運上手!!**

……………

「運を味方につける方法」をイザナミさんにレクチャーしてもらったあとは、イザナギさんにお話を伺うことにします。

21

禊の力――そぎ落とすと「新しいこと」がやってくる！

教えてくれる神さま
イザナギ

―イザナギさんは禊をすることで、たくさんの神さまが生まれましたよね。
それについて教えていただきたいのです。

わたしは、禊が大好きだ。禊はとても大事だよ。
いらないものは、どんどんそぎ落としていっていい。

そうすると、その隙間《すきま》に新しいものがやってくる。
いらないものにしがみついている限り、新しいものはやってこない。

——人間関係とかもですか？

もちろん。人、もの、家の中、そして心の中も、過去も、**いらないものはどんどん手放していく**ことだ。

昨日の出来事であっても、あるいは、未来の心配事も、とにかく嫌なことは引きずらないこと。

そして、**こまめにきれいにしていく**こと。

——なるほど～。

心の中も部屋の中も「ため込まない」

とくに大事なのは、心の中。
ちょっとでも、イライラ、心配、モヤモヤしたら、どんどんそぎ落としていくこと。
ときにはお酒の力を借りてもいい。ワ～っと出して、スッキリさせておくのもいい。

ため込まない、そして、**引きずらない**ということは、とても大事だ。
どんなときも、自分をきれいに解放しておくこと。
風通しをよくしておくこと。
それが禊だよ。

変化を求めているのに何も起きない場合は、禊が足りないからだ。

ちなみに、**家の中の禊**も大事だ。つまり**掃除**だよ。

すべてにおいて、「もういらないかな……」と思ったものは手放すといい。

それらは、それを必要としている人の手元に旅立つだけだからね。

自分がいらないものは、誰かが必要としているものなのだよ。

すべてがリサイクルなんだ。

もし、自分に必要なものだったとしたら、どこかのタイミングでまた、自分の手元にやってくる。

……………

イザナギさん、イザナミさんとは、ここでお別れ。わたしはスサノオと、その奥さんのクシナダヒメ（櫛名田比売）をお祀りする松江市の八重垣《やえがき》神社に参拝します。

「ヤマタノオロチ退治」

イザナギの鼻から生まれたスサノオは、とても甘えん坊です。大人になっても大声で泣いてばかりで、これが災害を引き起こす原因になっていました。どうやら、スサノオは、母（イザナミ）に会いたくて仕方がない様子。

イザナギは、そんなスサノオを天上界から追放して、自身は隠居します。

スサノオは、天上界から追放されたけれど、最後の挨拶にと、姉のアマテラスに会いにいきます。

しかし、アマテラスは、災害を引き起こすスサノオを、ものすごく警戒!!

スサノオは、「自分は反乱を起こしにきたわけではない」という、身の潔白を証明するために、アマテラスと、まさかの「賭け」（誓約《うけい》）をすることになります。

互いの持ち物を差し出し、持ち物から神さまを出現させます。

「もしも、女の神が生まれれば、心が清く正しい証拠!」という占いのような賭け。

すると、スサノオの持ち物から、女の神が生まれ、アマテラスの持ち物から、男の神が生まれました。

よって、スサノオの身の潔白が証明されます。

スサノオは、そこで調子に乗ってしまい、乱暴狼藉《ろうぜき》の大暴れ!

それを知ったアマテラスは、天の岩戸に閉じこもってしまいます。

すると、天上の世界も、地上の世界も真っ暗闇になってしまったのでした。

ここからは、アメノウズメの裸踊りのくだりがあります（18ページ）。

暴れ狂っていたスサノオは、天上界から永久追放となります。

その後、スサノオの地上への旅の途上、お腹を空かせていると食べ物の神さまがたくさんのごちそうを用意してくれました。しかしながら、そのごちそうは、食べ物の神さまの口や鼻、お尻から出たものだったのです。

それを知ったスサノオは、食べ物の神さまを殺害！

すると、食べ物の神さまから、沢山の種類の穀物が生まれました。

ちなみに、ここで登場する食べ物の神さまは、オオゲツヒメノカミ（大気津比売神）です。


さて、スサノオが地上界の出雲に降り立つと、老夫婦と美しい娘が悲しそうにしているのを発見します。

話を聞いてみると、ヤマタノオロチ（八俣遠呂智）という化け物に、娘のクシナダヒメを生贄《いけにえ》に差し出さなければならないとのこと。

それを聞いたスサノオは、「娘を嫁にいただく代わりに、ヤマタノオロチを退治する！」と宣言し、婚約成立！

戦いに際し、スサノオは、クシナダヒメの姿を隠すために、櫛に変身させて、自分の髪にさしながら戦いに臨みます。

スサノオは、なんと、頭が八つあるヤマタノオロチに八つの酒樽を用意し、オロチが泥酔したところで、次々と首を斬り落としました。

そしてオロチの尾から……なんと、のちに「三種

の神器」の一つとなる草那芸大刀《くさなぎのたち》（草薙剣《くさなぎのつるぎ》、天叢雲剣《あめのむらくものつるぎ》とも）を発見します。

めでたし、めでたし！

のちにスサノオは、この剣を、天上界のアマテラスに献上します。そして、アマテラスの孫のニニギノミコトが天上界から地上界へ降り立つ天孫降臨のときに、アマテラスは、勾玉《まがたま》、鏡とともに、「三種の神器」の一つとしてこの剣を持たせます。

ちなみに、勾玉と鏡は、アマテラスが天の岩戸から出てくる作戦に必要な道具として、知恵の神さまであるオモイカネが、玉造りの神さまに勾玉を、鏡造りの神さまに鏡を作らせたものです。

三種の神器は、歴代の天皇が「皇位の印」として受け継いだ三つの宝物であり、一説には、鏡（八咫鏡《やたのかがみ》）は伊勢神宮の内宮に、勾玉（八尺瓊勾玉《やさかにのまがたま》）は皇居に、剣

（草薙剣）は熱田《あつた》神宮にあるとされています。

また、スサノオの持ち物から生まれた女の神さまは、超美人な宗像三女神《むなかたさんじょしん》です。宗像三女神とは、タキリヒメノミコト（多紀理毘売命）、タキツヒメノミコト（多岐都比売命）、イチキシマヒメノミコト（市寸島比売命）。

のちに、タキリヒメは、このあとに登場する、オオクニヌシノカミ（大国主神）の妻の一人になります。

イチキシマヒメは、のちにインドの神さまである弁才（財）天と同一化。

宗像三女神は、宗像大社、嚴島《いつくしま》神社、江島《えのしま》神社の御祭神としても有名ですね。

22

スッキリ生きる方法

教えてくれる神さま
スサノオ

――スサノオさん！　**「スッキリ生きるための秘訣」**を教えてください。

まあ、簡単に言ってしまえば、**「我慢しない！」**だね。
我慢ってエネルギーを圧縮しているからね。
そのエネルギーをとにかく出してしまった方がいい。

「我慢は美徳」って思い込んでいる人がいるけれど、それは違うよ。

楽しむことが美徳なんだ。

我慢からは、病気とか苦しみしか生まれない。

悲しいときは泣き、ムカついたら怒り、ちょっとテンションが上がったら、そのエネルギーも出す！

最高なことがあったら、大きな声で「最高～！」って叫ぶのもいい！

とにかくエネルギーを閉じ込めないこと。

そうするとスッキリ生きられる。

ただ、周りに迷惑をかけないようにね！

エネルギーはお金と一緒で、「使い方」を学ばないと、ため込んでしまったりするんだ。

そうすると、心配することが増えたり、変なところに使い過ぎたりして、自分のエネルギーに自分が振り回される。

人の反応を気にし過ぎたり、常識にとらわれたりするのをやめてみるといい。

「都合のいい人」なんて、今この瞬間からやめてしまえ！

——あと、「都合のいい人」とかって、きっと我慢しまくりのような気がします。

まあ、そういう人は、嫌われたくないんだな。
自分を守るために、いろいろ我慢をしている。

だけど、一つだけ言わせてもらうと、相手に好かれよう、好かれようとしている人は嫌われるんだよね。そういう人を、みんな求めていないから。

その下心が見え隠れしている人は、つまらないしね。

あからさまに、嫌がらせをする人は別だけど、自分に正直に生きている分には、嫌われないものだよ。

しかも、人って、すごく関心があるのは自分自身。

他人のことばっかり考えていないんだ。

だから、人を気にしてびくびくするのは、取り越し苦労だな。

つまり、

「都合のいい人」なんて、今この瞬間からやめてしまえ!

ということだ。

都合のいい人は、結局、相手に振り回されて、あとから「利用された!」と、被害者モードに入って、めんどうくさい人も多いからね。

都合のいい人は、「都合のいい人」でいることに、それなりのメリットを感じている。

だから、「都合のいい人」に陥るのだ。

「本当のことを知るのが怖い。でもこの関係は続けたい。だから、今のままでいるしかない……」とかね。

結局、「都合のいい人」でいることは、自分に都合がいいんだよ！

もう、それから卒業するといい。自分にも人にも、おびえる必要はない。

――(;゜Д゜)

あとさ、会いたくない人には、会わなくたっていいんだよ。
嫌なお誘いは、断ること！
「そうですね！　いつか機会があれば……」と受け流してもいいだろう。

しつこい相手に対して、言葉でハッキリ断るのが苦手なら、相手を無視してしまってもかまわない。

一度、人の反応を気にし過ぎたり、常識にとらわれたりするのをやめてみてほしい。

すると、「自分がどうしたいのか」が、わかってくるからね。

23

「注文する」と願いは叶いやすい

あ、これは伝えておかないとな。

願いを叶える方法！　知りたいだろ!?

――すごく知りたいですね。教えてください。

「素直に言ってしまえばいい！」これだけだ。

「こういう仕事がしたい！」「○○が好き！」とか、自分の要望は、どんどん言ってしまえばいい。言わないと、周りはわからないから。

言えば、相手は「要望を叶えてあげよう」と考えてくれる。

この差が大きい！

そもそも、言わないと何も出てこないんだよ。

お店で注文するのと一緒の原理。

——注文するのと一緒!?

神さまへのお願い事は「具体的に」！

そう。レストランで、メニューを見て注文するときは具体的だろう？

そのくらい具体的な方がいい。
具体的な方が、漠然と「何かください！」って言うより親切だよ。
人間って、実はみんな、「神さまの分身」みたいな存在だからね。
そもそも、人間の先祖は、わたしたち神だからね。

神さまにお願いするときも、具体的な方が、叶いやすいんだよ。

そうそう、漫画で『ドラえもん』ってあるだろ！
具体的に頼んだ方が、ドラえもんがそれを叶える道具を出してくれるのと同じ。

それから、神さまも人も、頼まれるとうれしいんだよ。
「頼りにされている」ってことだから。
神さまだって、人の役に立つことが好きなんだよね。

遠慮はいらないよ、言うだけなんだから。

――あっ、そういえば、「福岡のお土産の『博多通りもん』が好き!」と騒いでいたら、いろいろな人から「博多通りもん」をいただいたな~。

……………………

スサノオさんの超パワフルなお話を聞いて、八重垣神社をあとにしたわたしは、次に、アマテラスさんとスサノオさんをお祀りする出雲市の日御碕《ひのみさき》神社にお参り。そこでまたアマテラスさんから〝不戦勝の人〟になるコツを聞いてしまったのです。

24

相手に勝たせてあげる

――アマテラスさんみたいに**「いいこと総取り!」**で生きるには、どうしたらいいのでしょう?

どんどん相手に勝たせてあげればいい!

――勝たせてあげるとは？

これは人間全員に言えることだが、誰でも、
「目の前の人よりも、自分の方が優れている！」
と内心思っている。
どんなに謙虚な人でも、「どこかの部分は、自分の方が上」とね。

だから、**勝たせてあげることで、相手はいい気分になる。**
だから、どんどん、勝たせてあげるのだ。

――勝ちをあげても、減るもんじゃないですしね！

〝弱みを見せて失敗談を話す〟だけでいい

——でも、どうやって勝たせてあげるのですか？

自分の弱みを見せたり、失敗談を話したり、あるいは、相談したりすればいい。

「わたしは、あなたを頼りにしています」
「わたしは、あなたを尊敬しています」
「わたしより、あなたの方が優れています」

こんな要素が垣間見られれば、相手は優越感がくすぐられて、心地よく感じる。

つまり、相手に、「心地よさ」を提供したということになる。

――相手が言っていることが間違っていたら？

修正しないと大変なことになるものでなければ、

「へ～、そうなんですね～！」

でよし。

相手が気持ちよく話しているときは、否定はできるだけしなくていい。

「どっちが正しい」という戦いは、意味がない。

何事も、楽しくて面白い方がいいに決まっている。


それから、こちらが弱みを見せる前から、勝ちたくて仕方がない人もいる。

そういう人は、

「わたしの方がすごい、わたしの方が正しい、わたしの方が知っている！」

とアピールをしてくるから、とてもわかりやすい。

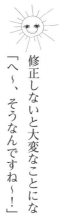

——ある意味、親切ですね！

こういう場合は、それに共感してあげることだ。

「そうですね！」

「さすがだね！」

「すばらしい！」

相手の宣戦布告に乗らずに、このような五文字をすかさず言うといい。

——宣戦布告には、五文字の言葉で、逆に相手をご接待すればいいんですね!!!

……………

アマテラスさんから〝不戦勝の人〟になるコツを聞いた私は、いよいよオオクニヌシさんをお祀りする出雲大社へと向かったのです。

6章

人生、ムダなことは一つもない！

……あんな困難、こんな難題、乗り越えてGO！

✦読むだけでワクワクする✦『古事記』ハイライト

「因幡のしろうさぎ」と「国造り&国譲り」

それは、あの有名な「因幡《いなば》のしろうさぎ」という話からはじまります。

隠岐《おき》の島に一匹のうさぎがいました。

うさぎは、対岸の因幡へ行こうとしました。しかし、自力では海を渡れません。

そこで、ワニザメをだまして、海を渡ることを考えます。

ワニザメたちに、「自分の仲間と、ワニザメの仲間のどちらが多いか比べようよ！」と提案します。

そして、ワニザメたちに、数を数えるからと因幡の気多《けた》の岬まで並んでもらいます。

うさぎは、その上をぴょんぴょんと跳んでいきます。

しかし、もう少しで到着というところで、うさぎは調子に乗って、ワニザメたちに、「まんまとひっかかったな！」と言ってしまいます。

すると、ワニザメたちは怒って逆襲し、うさぎの毛をむしり取ったのでした。

＊　＊　＊

一人の弱い男の神、オオナムチノカミ（大穴牟遅

神。オオクニヌシの別名）がいました。

オオクニヌシは、兄神がたくさんいて、いつもいじめられていました。

あるとき、兄神たちは、因幡にヤガミヒメ（八上比売）という、ものすごくきれいな娘がいるという噂を聞きつけ、求婚するため因幡に出かけることになりました。

すると岬に赤裸の一匹のうさぎがいました。

いじわるな兄神たちは、うさぎに「海水を浴びてから高い山に登って寝ていると治る！」とアドバイスをします。

そのとおりにすると、皮膚が裂け痛みが増し、うさぎは苦しんでいました。

と、そこへオオクニヌシが通りかかります。
オオクニヌシは、兄神たちのパシリの荷物運びです。
えっちらおっちらと、兄神たちの荷物を遅れて運んでいたのです。
オオクニヌシは、わけを聞くと、うさぎに正しい傷の治し方を教えてあげました。

「きれいな水で身を洗って、蒲《がま》の穂綿にくるまるといいよ！」と。

そのとおりにすると、元の毛のうさぎに戻ることができました。

うさぎはオオクニヌシの優しさに感動し、

「ヤガミヒメと結婚するのは、あなただ!!!」

と予言します。

そして、その予言どおり、ヤガミヒメから、

「わたしが結婚するのは、オオクニヌシです」

と宣言され、兄神たちは嫉妬しまくります。

その結果、オオクニヌシは、兄神たちに謀《はか》られ、真っ赤に焼けた岩石で押しつぶされて死んでしまいます。

そこで、オオクニヌシの母は、天上の世界の偉い神さまであるカミムスビノカミ（神産巣日神）に、オオクニヌシを助けてくれるようお願いに高天原に上がります。

すると、カミムスビは貝の神さまを派遣します。貝の神さまは貝のエキスで治療をしてくれて、オオクニヌシは生き返ることができました。

そのあとも、しつこく兄神たちに殺されかけたため、オオクニヌシの母は、スサノオが治める地の底の国へ行くように、オオクニヌシにアドバイスをしました。

すると、なんということでしょう。オオクニヌシは、スサノオの娘のスセリヒメ（須勢理毘売）に一目ぼれをして、スサノオとスッタモンダの末に電撃結婚します。

地上に戻って、もちろん、ヤガミヒメとも結婚します。
その後も、オオクニヌシは、妻がたくさんできます。

ちなみに、その中の一人に、カムヤタテヒメノミコト（神屋楯比売命）がいます。
それが、コトシロヌシノカミ（事代主神）の母です。
コトシロヌシは、あの有名な「ゑびすさま」と同一視されています。

ちなみに、情報その二。
密教伝来時に日本に伝わった大黒天《だいこくてん》（元はヒンドゥー教のシヴァ神の化神）は、まったく別の神ではあるものの、オオクニヌシ（大国はダイコクと読めるから）と同一化して「七福神」の仲間になったものです。

さて、その後、オオクニヌシは、カミムスビの子供であるスクナヒコナノカミ（少名毘古那神）と出会い、一緒に国造りをしていきます。

スクナヒコナは、別名を一寸法師とも。

やがて、オオクニヌシと一緒に国造りをしていたスクナヒコナが、早々と「任務完了！」と言って、常世《とこよ》の国へ帰ってしまいます。

それを嘆いていたオオクニヌシの元に、海を照らしながら、黄金の玉のごとく光り輝く神さまが登場!!!

それは、蛇神であるオオモノヌシノカミ（大物主神）でした。

オオモノヌシのパワーをいただき、オオクニヌシは、神性を養い、生きとし生けるものすべてが幸福になる「縁」を結ぶ〝縁結びの神〟と慕われていくことになります。

もちろん、地上の出雲の国もどんどん栄えていきました！

ちなみに、オオモノヌシは、三輪山《みわやま》（御諸山《みもろやま》）がご神体である日本最古の神社、奈良県桜井市の大神《おおみわ》神社に祀られています。

が、しかし……。

「めでたし、めでたし」

とはいきません。

オオクニヌシの活躍を、ずっと高天原から観察していたアマテラスは、

「地上の世界は、天《あま》つ神《かみ》（天上界の神、または、天から降り立った神）が統治すべきだ！」

と確信し、知恵の神さまであるオモイカネに相談します。

そして使いを出すことになります。

何人か使いを出すものの、オオクニヌシが仕掛けた誘惑にみごとにひっかかり、こ

とごとく交渉は失敗に終わりました。

そして最後の切り札として、イザナミが最後に生んだ火の神をイザナギが斬り殺した際に、剣の血しぶきから生まれた、雷や刀剣の神であるタケミカヅチノカミ（建御雷神。ものすごく強い!!）に頼むことになります。

船の神であるアメノトリフネノカミ（天鳥船神）も一緒に使いに出しました。

そして、出雲の稲佐《いなさ》の浜に降り立った、ラスボス並みに強いタケミカヅチが、オオクニヌシに国譲りの交渉をすると、ビビったのか……オオクニヌシは自分ではなく、二人の息子に返事をさせる！　と言います。

一人目の息子であるコトシロヌシは、あっさりOKを出します。

しかし、もう一人の息子である、タケミナカタノカミ（建御名方神）は、抵抗してタケミカヅチと力比べをするも、信濃国《しなののくに》に逃げて完敗してしまいます。

（その後、タケミナカタは、諏訪《すわ》大社の主祭神となります）


というわけで、オオクニヌシは、天つ神に国を譲ることを承諾。その代わりに、

「自分の住まいとして、出雲にすごく大きくて素敵な神殿を造って、そこに自分を祀ってください！」

と懇願したのでした。

それが出雲大社でございます。

めでたし、めでたし。

ちなみに、タケミカヅチを祀っている神社の総本宮は、茨城県鹿嶋市の鹿島神宮です。

……………

ここで、オオクニヌシさんに挨拶しようと出雲大社に向かっていたわたしのところに、オオクニヌシの協力者であるオオモノヌシさんが、なぜか飛んできました。

「呼んだ!?」

「え!? 呼んでない!」

ここで少し説明をしておきます。

わたしは、オオモノヌシさんと大の仲よしなのです。

蛇神さまが元々好きなので、いろいろな神社の蛇神さまに挨拶をしたり、お酒と卵をお供えしたりしていました。

すると、とある神社に行ったとき、蛇神さまがお酒と卵をものすごく喜んでくださり、全国の**「蛇ネットワーク」**に、わたしのことを伝えておくとのことでした。

それからというもの、蛇神さまの神社には、さらに親近感が湧きましたし、なんと、実際の蛇に出くわす確率も増えています（笑）

ちなみに、蛇神さまは、冬はなんとなくおとなしく、春から活動的になる雰囲気があります。

で、たぶん、オオモノヌシさんが飛んできてくれたということは、「蛇ネットワーク」に、わたしの噂が流れているからだと思います。

25

すごい「ご縁」の広げ方

――**「縁の広げ方」**を教えてください。

ただ、目の前の人を大切にすることを続けていけばいい。
目の前の人は、一人に見えても、一人じゃないからね。

教えてくれる神さま
オオモノヌシ

——一人じゃない!?

そう。後ろにたくさんいる!

——まっ、まさか!?　背後霊!?

「ネットワークのパワー」を発動させる

いや、背後霊ではない。みんな知り合いがいるだろ。
おまえは、素敵な出来事があったらどうする?
いいことを聞いたらどうする?
または、人に言いたくなるような面白い話を聞いたらどうする?

——友達に、「聞いて！　聞いて！」って、その話をしますね。

だろ！　すごく仲のいい友達は何人くらいいる？

——すごく仲のいい友達は、八人くらいかな……。

ということは、誰かが、おまえに、素敵なことをしたら、八人に話す可能性があるということだ。

わたしも、おまえが、神社に仲間を連れてきてくれたばかりでなく、お酒と卵もお供えしてくれたので、それがすごくうれしくて、仲間たちに、「ねえねえ！　聞いて！」と話したわけだよ。

だから、ただ目の前の人に丁寧に接し、そして相手を幸せな気持ちにさせることをしていけばいい。

それに心を動かされた人は、勝手に自分のネットワークで噂をする。

そのパワーは勝手に動くし、蛇のようにとても根強く、最強だ。

……………

突如、現われたオオモノヌシさんに〝ネットワークのパワー〟についてレクチャーを受けたわたしは、ついに〝縁結びの神さま〟であるオオクニヌシさんをお祀りする出雲大社にお参りしたのです。

26

人生は「シナリオどおり」

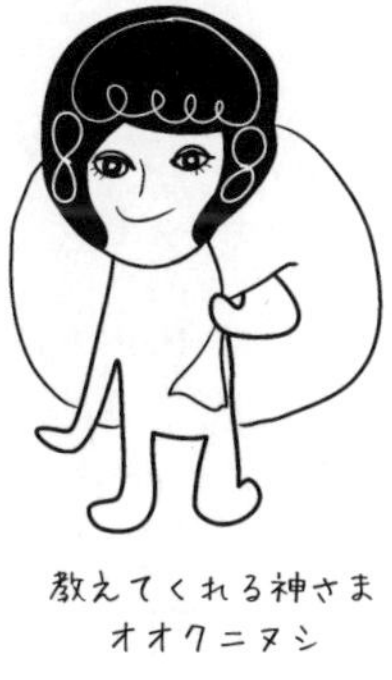

教えてくれる神さま
オオクニヌシ

よく、出雲まで来たな。噂は聞いていたよ。オオモノヌシからね。

——ありがとうございます。

しかし、神さまの物語は、一筋縄《ひとすじなわ》ではいかないというか、いろいろなことがありますね。

だが、**ムダな出来事は一つもない。すべて必然**で、すべてがなければならないものだったのだ。

ちょっと振り返ってみればわかるとおり、イザナギがイザナミと決別して禊をしなければ、三貴子である、アマテラス、ツクヨミ、スサノオは生まれなかった。

アマテラスが天の岩戸にひきこもらなければ、アメノウズメの出番はなかった。

スサノオが暴れて天の世界から追放されなければ、クシナダヒメはヤマタノオロチの餌《え》食《じき》になっていただろう。

わたしが、天つ神へ地上の統治権を譲らなければ、出雲大社が造られることはなかった。

こうやって全体的に見ていくと、**すべてが最適なタイミングで、すべてがベストな選択**になっている。

まるでシナリオのごとく、起こるべくして起きている。

あるべきところに収まる。

そして、みんな、それぞれにお役目がきちんとある。

あんな困難も、こんな困難も、次の展開に進むために必要な出来事なのだ。

だから、もはや感謝しかないのだよ。


——自分の人生のすべての登場人物よ、ありがとうー！

……………

オオクニヌシさんの、神さまならではの達観したお話を聞いたあと、わたしは出雲大社の摂社《せっしゃ》（神社の境内にある小さな社《やしろ》。その神社のご祭神と縁の深い神を祀っている）で、カミムスビノカミをお祀りする命主社《いのちぬしのやしろ》をお参りしました。

ちなみにカミムスビは、宇宙のはじまりからいる神さま（つまり、〝ものすごく偉い神さま〟）、「造化《ぞうか》の三神」の三柱《みはしら》のうちの一柱《ひと》（神さまは柱と数える）！

オオクニヌシが兄神たちに殺されたとき、オオクニヌシの命をよみがえらせた神を派遣した神さまです。

また、オオクニヌシと一緒に国造りをしたスクナヒコナ（一寸法師）の親でもあります。

ちなみに、「造化の三神」のもう二柱《ふた》の神さまは、タカミムスビノカミ（高御産巣日神）とアメノミナカヌシノカミ（天之御中主神）。

タカミムスビは、天孫降臨の神勅《しんちょく》を下した神さまで、なんと、知恵の神さまであるオモイカネの親でもあります。

アメノミナカヌシは、「至高の神」とも称されています。

27

人と人とをつなぐ「ハブ」になる

教えてくれる神さま
カミムスビ

——カミムスビさま！　その名のとおり「結び！」、つまり**「縁結び！」**について教えてください。

「縁結び」は、すればするほど、縁に恵まれていくものだ。

――縁結びをする!?


そう。人と人をつなぐのだ。

それは、男女の関係に限らない。

その人に合いそうな人、その人が探している技術を持っている人、その人とその人を会わせると、その人たちの世界がグッと広がるだろうと思ったら、どんどん繋《つな》げてあげることだ。

〝キューピット役〟が一番、得をする

――紹介したことがキッカケで、その人が飛躍していったら、ものすごくいいことをしたことになりますよね!

そのとおり。**人が一番の宝**だからね。

そして、実は、**キューピット役が一番得**をするのだ。

何しろ、二人を得させてあげているわけだからね。

そして、人に与えたことが自分に返ってくるわけだから、二倍、いいことがある。

本当に豊かで楽しく成功している人は、優れたキューピッターなのだ。


——キューピッター!?


そして、ここで誤ってはいけないことがある。

紹介したのに「自分に見返りがない」と落ち込んだり、紹介したことで相手がうまくいって嫉妬したり……、こんな場合は、いいことがなくなる。

キューピット役は、その役目自体を楽しむことが、どんどん豊かになるコツなのだ。
それから、**自分の人脈を出し惜しみしない**こと。
出し惜しみは、逆に損になる。
二倍、いいことがあるのをスルーしているわけだからね。

――なるほど～。キューピット、いや、キューピッターになります！

…………

命主社で、人と人との縁を結ぶキューピッターになると誓ったわたしは、次に出雲市の稲佐の浜へと向かいます。ここは、アマテラスから、「国譲り」の使命を受けたタケミカヅチが、オオクニヌシとご対面した場所です。

28

「迫力満点」な人生を生きる

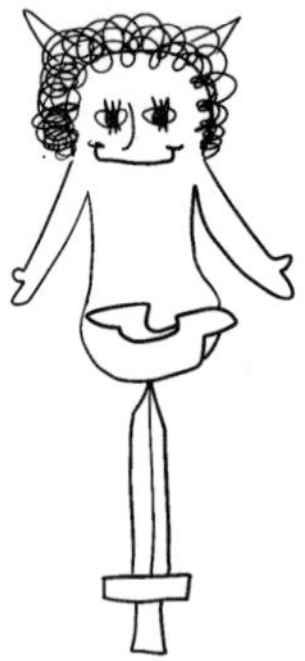

教えてくれる神さま
タケミカヅチ

――タケミカヅチさんみたいに、**「誰にも見くびられず、強くなる」**にはどうしたらいいでしょうか？

堂々としていればいい。
というか、自信満々に見えるようにしているといい。

――「見た感じって、大事」ということですね！

ものすごく大事だ。心の中は見えないからね。

迫力があると、さらにいい。

――迫力って、どうやったら出せるのですか？

歌舞伎役者ではないので……。

ずっと迫力を出し続ける必要はない。

「ここぞ！」というときに、気合いを入れて、すごく堂々とすればいいのだ。

決してビクビクしてはならない。

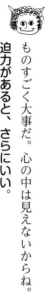

ビクビクしていると、異性、お客さん、つまり人からの信頼も得られない。

誰も「自信がなくてオドオドした営業マン」からものは買いたくないし、「自信がなくて怯《おび》えている異性」に惹《ひ》かれないだろ！

（たまに、弱々しい異性がタイプの人もいるが、それはおいておくとしよう）


それから自分が思ったことをハッキリ言うことは、ものすごく大事だ。

他の神々も同じようなことを言っていたと思う。

大事なことは、何度でも伝えておくからな！

人間は、言葉を話す生き物なのだから、**話すという技術**は、きちんと使った方がいい。


勇気を出して、一言でもいいから言ってみるといい。

もし、今まで大事なことが言えないでおとなしくしていた人が「言うべきこと」を言えたときには、今までの流れが変わるはずだ。


そんなとき、わたしは、しっかりと応援に入る！

だから、言うべきことはハッキリ伝えることだ！
言葉にすることで、相手に気づきを与えることができるし、思い込みや勘違いで締めつけられていた心は、解き放たれるだろう。

……………

超パワフルなタケミカヅチさんに「迫力満点な自分」になる方法を教わったわたしは、稲佐の浜をあとにし、コトシロヌシ（ゑびすさま）を祀る松江市の美保神社に向かいました。

コトシロヌシは「国造り&国譲り」のところでも紹介しましたが、オオクニヌシの息子です。タケミカヅチさんに、あっさり「国譲りOK！」と承諾した神さまですね。

7章

あっさりお金持ちになるには?

……商売繁盛&金運UPのコツ

29

まずは「うまくいっている人」の観察と研究を！

――コトシロヌシさま！　通称、ゑびすさま！

商売繁盛について教えてください。

自分よりうまくいっている人をよく観察し、研究する人が、またその上をいく。

教えてくれる神さま
コトシロヌシ

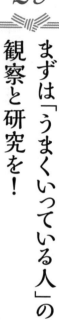

――たとえば……。

お店なら、

「何に力を入れているのか」

「どんな接客の仕方をしているのか」

「店内の雰囲気」

人物なら、

「どんな時間の使い方をしているのか」

「どんな人たちと一緒にいるのか」

「どんな言動をしているのか」


とかでしょうかね。観察し、研究することは、たくさんありますね。

そうだね。そして、自分よりうまくいっている人の結果だけを見て、嫉妬した

り批判したりする人は、決して成功することはない。

これは、「成功しない人あるある」だ。

なぜなら、どこも観察せず、何を研究することもしないからだ。

さらに、相手の欠点をあげつらうことで、自分がいかに優れているかを正当化しようとするが、これは、単なる自己満足、いや、負け惜しみだ。成長が一切ない。

遊ぶために仕事をするか、遊ぶように仕事をするか

ただ、一つだけ言えるのは、「うまくいっている人」を観察し研究する人は、割合的にとても少ない。

だから、商売繁盛……つまり成功しやすい人とも考えられる。

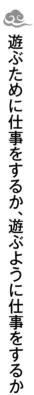

――「自分にない部分」をどんどん吸収していく人は、発展のスピードも速そう！

そもそも、どんどんうまくいく人は、積極的に新しいアイディアを出したり、それを形にしたりする。あるいは、さらに自分よりもうまくいっている人を次々見つけ、また観察と研究を繰り返している。

そして、そのこと自体を楽しんでいる。

休みの日でも、旅行中でも、仕事のことを心のどこかで考えている！　ゲームのように、楽しく。

だから、遊びながらでも、ふとした会話から仕事のアイディアが浮かんだり、次の仕事に繋がるチャンスをつかんだりということが、起きるのだよ。

――ちょっと話を戻しますけど、逆にこちらの仕事を研究して追いついてくる人が出てきた場合はどうしたらいいですか？

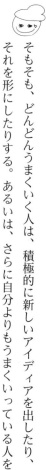

それは、商売をやっていたら誰もが経験することで、「そろそろ次の段階へ進みなさい」というお知らせだね。

今のフィールドは次に来る人へ譲り、もっと上へ行きなさい！　ということだ。

そこで追いかけてくる者たちに、変にエネルギーを使う必要はない。

逆に感謝だね。

30

お金を持つと素敵になる人、さらに強欲になる人

――いい人だったのに、お金を持つことで、人が変わってしまう場合について、どう思いますか？

ハハハ！　お金を持つことで人が変わる場合、つまり、「いい人」が「悪い人」になってしまう場合は、その人が元々、悪い人だったということだ。

――なるほど！

お金はエネルギーだから、お金が増えれば、持つ人のエネルギーを増大させることができる。

根が素敵な人ならば、ますます素敵になる。
根が愛を与える人ならば、ますます愛を人に与えていく。
しかし、根が欲張りな人なら、ますます欲張りになっていくだろう。
根が自分のことしか考えていない人ならば、さらに自分勝手な人間になるだろう。

31

収入は「喜ばせた人の数」で決まる

——人もお金も集まって、人生の自由度が高くなる方法を教えてください。

そもそも、「お金を稼ぐ」ことと「仕事の忙しさ」は比例しない。

たとえば、自分ではない誰かがやってもできる仕事をしている人よりも、自分しかできない仕事、つまり、「自分の世界観がある仕事」をしている人の方が、大きな富に繋げることができる。

ただ、前者は、責任を会社が持ってくれて、安定感がある。

後者は波に乗るまで食べられないかもしれないし、責任はすべて自分にふりかかるし、不安定でもある。

どちらを選んでもいい。

選択はこれだけではない、たくさんある。

そして、楽しく成功する人は、「お金を稼ぐため」という動機で仕事をしていない。

それを世の中に広めたい、それを作っていろいろな人の心に届けたい、という動機が彼らの仕事を面白くしている。

人を幸せにしたい！

人を楽しませたい！

人を喜ばせたい！


つまり、これが答えだ。

そうしていくと、人もお金も集まってくるから、結果として、自由度が増し、行動範囲も広くなり、その人の世界も広くなる。


ポイントは、**人を笑顔にした数**。

人をたくさん喜ばせれば、喜ばせるほど、商売繁盛の神であるわたしは、全力で応援する！

そんな人には、どんどん成功してもらいたいからね。


ちなみに、人に与えることが多いと、周りからもっと与えられる人になる。

人から奪ってばっかりいると、最終的には、もっと奪われていくのだ。

だから、「喜びを与える人」は、どんどん喜ぶことが増えていくんだ。

32

「切り詰める」より「いっぱい入ってくる」方法を考える

それから、お金について、もう一つ伝えておく。

うまくいかないときは、発想を変えるといい。

たとえば、自分のパートナーがやたらと無駄遣いするタイプだとすれば、それは、「自分には稼ぐ力があるのかも!?」と気づかせる出来事なのかもしれない。

節約や貯金が苦手な人は、その方法ではない方がうまくいくのかもしれない。

つまり、「切り詰める」方ではなく、「いっぱい入ってくる」方を考えてみるといい。

――「苦手ではないところ」に答えがあるんですね！

「苦手なところ」でがんばらなくてもいい

みんな、「苦手なところ」でがんばろうとして、うまくいかなくて、自分や相手を責める。そもそも、そこの発想を変えるといい。

困難は、よりよいフィールドに移るために出てくるものだ。
ただ、嘆き悲しむだけなら、誰でもできる。
より進化してくための方法を考えると、次にいける！

これは、お金だけではなく、すべてにおいてだ。商売も、人間関係も全部。

それから、**散財は、エネルギーの乱れ**だと思うといい。

どこかで何かをギュッと我慢していると、そのエネルギーを外に流すために、お金を使うという行為に出やすい。

お金はエネルギーだからね。

散財し過ぎている場合は、心のエネルギー不足か、すごく我慢をしているか、どちらかだ。

「何かが、足りない、足りない」と思うことから、散財がはじまる。

33

アンコールを求められる生き方を！

本書を書き終えて、その報告をするために、わたしは、もう一度、アメノウズメさんに会いたいと思い、アンコールを求めて、44ページでも書いた神楽鈴を鳴らしました。

その夜、わたしは夢を見ました。

アメノウズメさんが楽しく踊りながら、こう言いました。

・・・・・・・・

また呼んでくれてありがとう。

素敵な人、もの、場所は、アンコールを求められるわ。

「アンコールを求められる生き方」をいつも意識してみてね。

あなたの素敵度が倍増するから。


最後にあなたに伝えておきたいことがあるの。

あなたが本当にあなたらしく人生を楽しんでいると、それに照らされた周りの人たちをも幸せにしていくことができるわ。

あなた自身がアマテラスになるのよ。

出会った人たちに夢や希望を与えていってね。
幸せの種を播《ま》き続けていってね。
そんなあなたを、わたしたち神々は全力で応援します。

――アンコールっ、アンコールっ!

ありがとう!

じゃあ、もう一言だけ言っておくわね。
**あなたにとって一番大切なことは、あなたという人間を思う存分に生きること
よ!!!**
それで、すべてが解決よ!!!
エンジョイ!!!

エンドロール

出演神

アメノウズメ　サルタヒコ　タマヨリヒメ
オモイカネ　トヨウケ　ツクヨミ
アマテラス　コノハナ　イザナミ
イザナギ　スサノオ　オオモノヌシ
オオクニヌシ　カミムスビ　タケミカヅチ
コトシロヌシ

インタビュアー

キャメレオン竹田

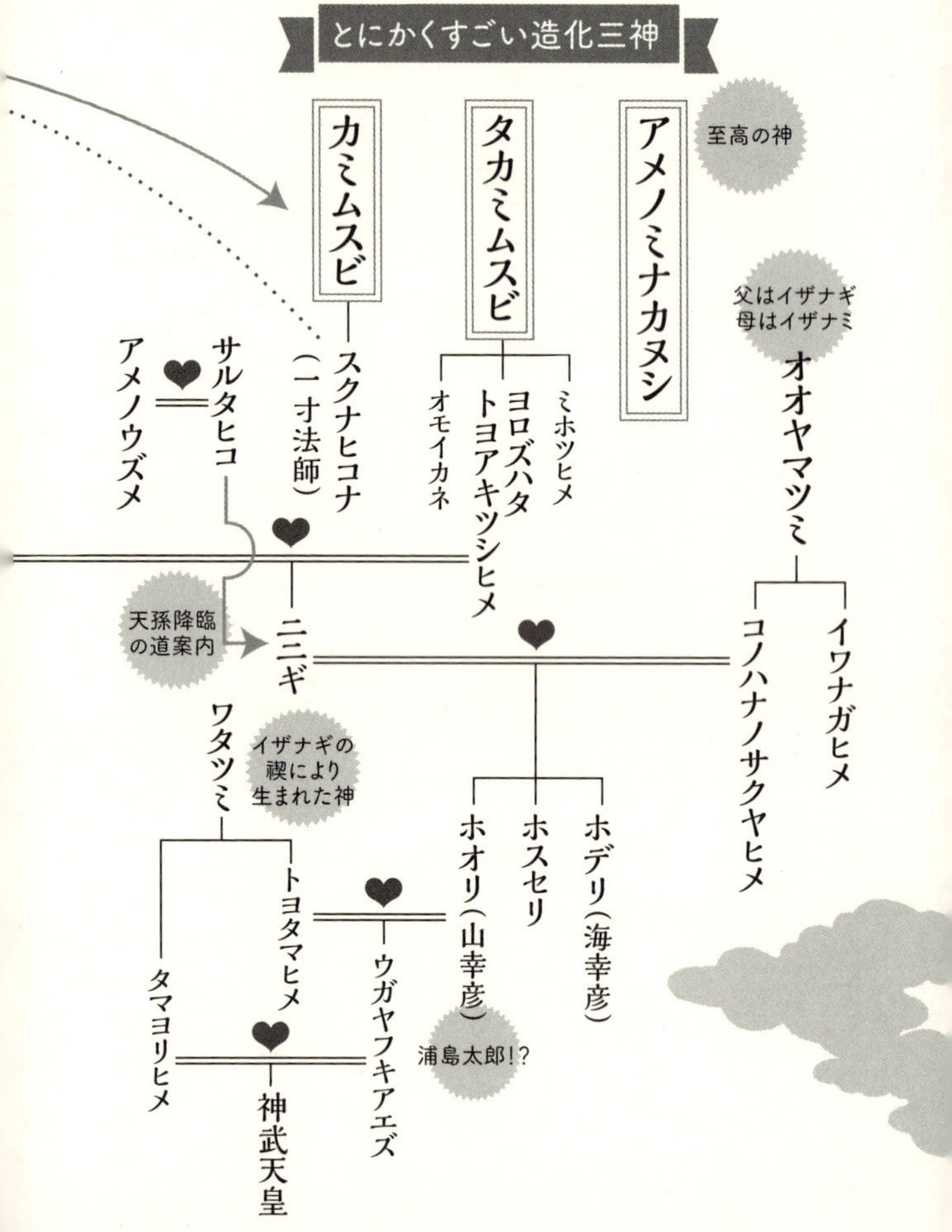
とにかくすごい造化三神
アメノミナカヌシ
至高の神
タカミムスビ
カミムスビ
父はイザナギ
母はイザナミ
オオヤマツミ
ミホツヒメ
ヨロズハタトヨアキツシヒメ
オモイカネ
スクナヒコナ（一寸法師）
サルタヒコ
アメノウズメ
イワナガヒメ
コノハナノサクヤヒメ
天孫降臨の道案内
ニニギ
ホデリ（海幸彦）
ホスセリ
ホオリ（山幸彦）
浦島太郎!?
ワタツミ
イザナギの禊により生まれた神
トヨタマヒメ
ウガヤフキアエズ
タマヨリヒメ
神武天皇

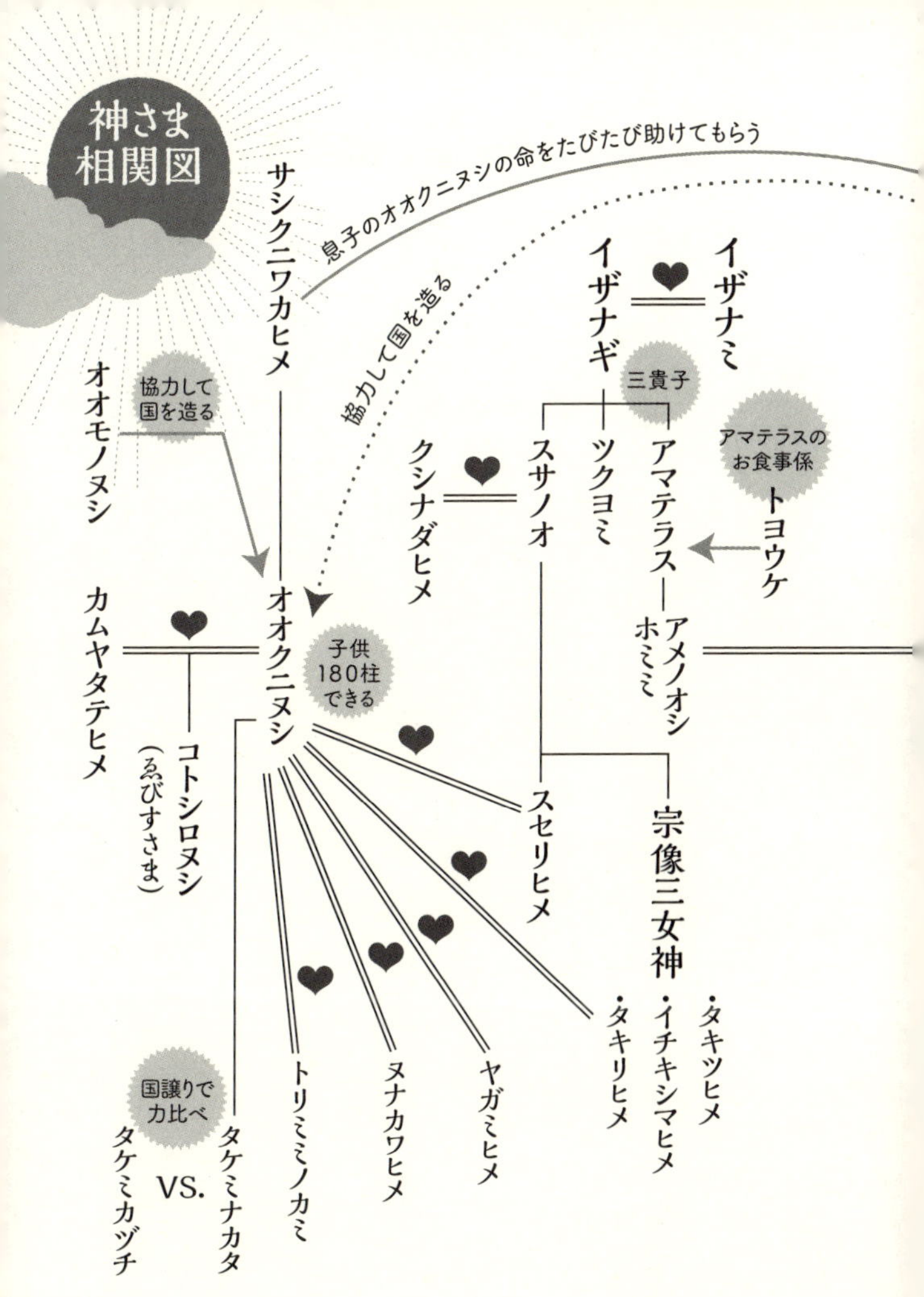
神さま相関図
息子のオオクニヌシの命をたびたび助けてもらう
サシクニワカヒメ
イザナミ
イザナギ
三貴子
協力して国を造る
オオモノヌシ
協力して国を造る
アマテラスのお食事係
トヨウケ
スサノオ
ツクヨミ
アマテラス
クシナダヒメ
カムヤタテヒメ
オオクニヌシ
子供180柱できる
アメノオシホミミ
コトシロヌシ（ゑびすさま）
スセリヒメ
宗像三女神
・タキツヒメ
・イチキシマヒメ
・タキリヒメ
ヤガミヒメ
ヌナカワヒメ
トリミミノカミ
国譲りで力比べ
タケミナカタ
VS.
タケミカヅチ

巻末付録

伊勢＆出雲

ぐるっと巡るだけですごいパワーが満ちてくる！　厳選の「神の社《やしろ》」

※キャメレオン竹田が実際に巡ったルートをご紹介しています。

※主祭神以外を省略していたりします。

※同じ神さまでも呼び名や漢字表記が複数ある神さまもいます。たとえば、大国主神＝大己貴神＝大穴牟遅神など。混乱しないように、神さまの呼び名は、それぞれ、一つだけに統一しています。

伊勢ルート

椿岸《つばききし》神社／三重県鈴鹿市

主祭神：アメノウズメノミコト（天の岩戸の前で半裸で舞い、アマテラスを誘い出した神）

伊勢国《いせのくに》一之宮であり、サルタヒコの総本宮でもある椿《つばき》大神社《おおかみやしろ》の境内にあります。「清めのお塩」も有名。

二《ふた》見《み》興玉《おきたま》神社／三重県伊勢市

主祭神：サルタヒコノカミ（天孫降臨の道案内をした神）、ウカノミタマノカミ（宇迦之御魂神。穀物の神、通称・お稲荷《いなり》さん）

お伊勢参りをする前（聖域に入る前）に、二見興玉神社で禊《みそぎ》！　ただ、海に入って身を清めるのは手間がか

椿岸神社（椿大神社の別宮）

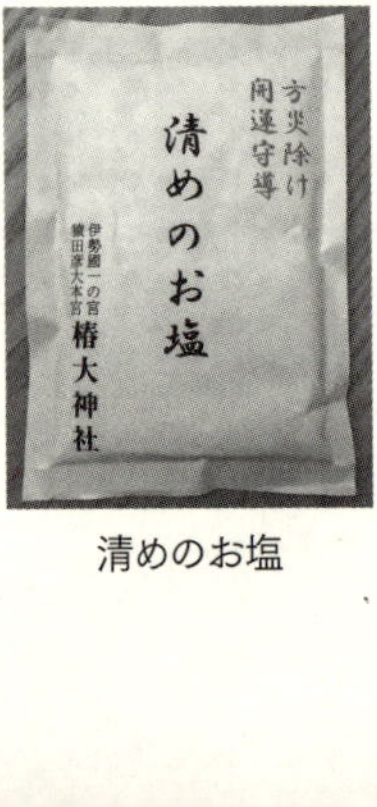

清めのお塩

かるので、「無垢鹽草《むくしおくさ》」をゲットして身に付けて伊勢神宮を参拝すればＯＫ（禊をしたことと同じになる）とのこと。二見興玉神社の境内、東参道に入ったところに位置する「龍宮社」の主祭神は、海の神で、タマヨリヒメとトヨタマヒメの父であり、ホオリの義父であるワタツミノカミ。

石《いし》神社（神明《しんめい》神社の境内社）／三重県鳥羽市

主祭神：タマヨリヒメノミコト（ワタツミの娘、トヨタマヒメの妹、神武天皇の母）

通称〝石神さん〟。女性の願いなら、一つは叶えてくれるといわれている。

伊勢神宮参拝のお供・無垢鹽草

二見浦の夫婦岩《めおといわ》

伊雑宮《いざわのみや》（皇大神宮《こうたい》・別宮）／三重県志摩市

主祭神：アマテラスオオミカミノミタマ（天照大御神御魂。つまりアマテラスの御魂）

志摩国《しまのくに》一之宮。伊勢神宮内宮《ないくう》（皇大神宮）の別宮の一社。御神田《おみた》があり、稲穂が実っている季節は美しさ倍増!!

天《あま》の岩戸《いわと》（恵利原《えりはら》の水穴《すいけつ》）／三重県志摩市

天の岩戸といえば、宮崎県高千穂の天岩戸神社や天安《やす》河原《かわら》が有名。でも、伊勢にも、こっそりとある！「天の岩戸の聖水」は、「日本の名水百選」にも選ばれているほど清冽《せいれつ》！

伊勢《いせ》神宮 外宮《げくう》（豊受《とようけ》大神宮）／三重県伊勢市

主祭神：トヨウケノオオミカミ（アマテラスのお食事

伊雑宮

天の岩戸（恵利原の水穴）

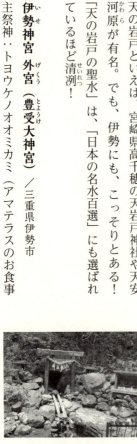

係。主祭神以外、省略）
敷地を歩くだけでも心地がいい空間。近くの「赤福《あかふく》」のぜんざいが美味！

月夜《つきよ》見宮《みのみや》（豊受大神宮・別宮）／三重県伊勢市
主祭神：ツクヨミノミコト
外宮の別宮で、外宮のすぐそばにあります。

月読宮《つきよみのみや》（皇大神宮・別宮）／三重県伊勢市
主祭神：ツクヨミノミコト
こちらは伊勢神宮内宮の別宮です。他にも、ツクヨミの荒御魂を祀る月読荒御魂宮《つきよみあらみたまのみや》や、イザナギを祀る伊佐《いざ》奈岐宮《なぎのみや》、イザナミを祀る伊佐奈弥宮《いざなみのみや》などが一列に並んでいます。参拝する順番が看板にありますので、その

外宮（豊受大神宮　御正宮）

月夜見宮

順番で参拝しましょう。

猿田彦神社《さるたひこ》／三重県伊勢市
主祭神：サルタヒコノカミ
伊勢神宮内宮の近くにあり、境内には奥さんのアメノウズメを祀る佐瑠女《さるめ》神社もある。

伊勢神宮　内宮《ないくう》**（皇大神宮）**／三重県伊勢市
主祭神：アマテラスオオミカミ（主祭神以外、省略）
五十鈴《いすず》川にも最高に癒される。別宮、摂社、末社、所管社などたくさんある。所管社の大山祇《おおやまつみ》神社（主祭神：オオヤマツミノカミ）、子安《こやす》神社（主祭神：コノハナノサクヤヒメ）はぜひ見つけてほしい！

猿田彦神社

内宮（皇大神宮　御正宮）

出雲ルート

須佐《すさ》神社／島根県出雲市

主祭神：スサノオノミコト（三貴子の一柱。アマテラスとツクヨミの弟。主祭神以外、省略）

やっぱり出雲といえば、まずはスサノオさんにご挨拶。

美保《みほ》神社／島根県松江市

主祭神：コトシロヌシノカミ（オオクニヌシの息子）、ミホツヒメノミコト（三穂津姫命、オオクニヌシまたは、オオモノヌシの妻といわれる）

全国に三千三百八十五社ある、ゑびすさまの総本宮。

映画に出てきそうな、風情のある港町のそばにある。

出雲に来たら、オオクニヌシが祀られている出雲大社

須佐神社

美保神社

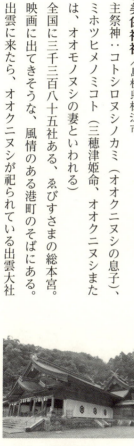

だけではなく、息子のコトシロヌシが祀られている美保神社の両参りがオススメ。

八重垣神社《やえがき》／島根県松江市
主祭神：スサノオノミコト、クシナダヒメ（スサノオの妻）
境内にある「鏡の池」では「ご縁の遅速」を占うことができる。

神魂神社《かもす》／島根県松江市
主祭神：イザナミノミコト、配祀《はいし》（主祭神と縁の深い神を祀ること）：イザナギノミコト
本殿は国宝。すごく心地がいい空間です。

八重垣神社

神魂神社

熊野《くまの》大社／島根県松江市

主祭神：スサノオノミコト（別名表記になっているが、スサノオのこと）

スサノオとクシナダヒメが結ばれた象徴でもある、縁結びの可愛い櫛がゲットできる。

日御碕《ひのみさき》神社／島根県出雲市

主祭神：アマテラスオオミカミ、スサノオノミコト

すごく美しい神社と松のコラボレーション。この神社は、何年も前から、キャメレオン竹田の夢に登場しており、その夢の残像を頼りに調べたら、日御碕神社と判明。スサノオさんからの〝お呼び〟がかかっていたように思われる。

熊野大社

日御碕神社

稲佐《いなさ》の浜／島根県出雲市
「国譲り」の舞台。下の写真は弁天島。とても素敵な場所。

出雲《いずも》大社／島根県出雲市
主祭神：オオクニヌシノカミ
オオクニヌシの厳《おごそ》かな雰囲気が伝わってくる！　出雲大社の参拝は、二礼四《し》拍手一礼。

命主社《いのちぬしのやしろ》（出雲大社・摂社）／島根県出雲市
主祭神：カミムスビノカミ（スクナヒコナの親）
推定樹齢千年のムクの木がすごい！　そのちょっと先の、「島根の名水百選」の真名井《まない》の清水《しみず》も訪れてほしい。

稲佐の浜

出雲大社

命主社のムクの木

真名井の清水

本書は、本文庫のために書き下ろされたものです。

神《かみ》さまの家庭訪問《かていほうもん》

著者　キャメレオン竹田（きゃめれおん・たけだ）
発行者　押鐘太陽
発行所　株式会社三笠書房
〒102-0072 東京都千代田区飯田橋3-3-1
電話　03-5226-5734（営業部）03-5226-5731（編集部）
http://www.mikasashobo.co.jp
印刷　誠宏印刷
製本　ナショナル製本

 ISBN978-4-8379-6870-2 C0130

王様文庫

王様文庫

いいことが次々やってくる！
「神様貯金」

真印

「まるで、お金を積み立てて貯金をするように、『いいこと』をすれば、それに応じて、あなたの願いは次々と実現していきます」――1300年、邪気を払い続けてきた四国・松山のスピリチュアル一族が教える、絶対に幸せをつかむための、この世で最もシンプルな法則！

伊勢の陰陽師が教える「開運」の作法

一宮寿山

陰陽道、古神道の教えをベースに、心身を清らかに磨き、人生を楽しむ開運の作法を紹介。招福を叶える〈秘密の呪文〉と〈護符〉付き。◇満月の月光にさらした「塩」の効果　◇神社参りと同じ効果！「風の祓い」……「神様のご加護」をいただきながら、幸せ感たっぷりに生きるコツ満載！

時間を忘れるほど面白い
人間心理のふしぎがわかる本

清田予紀

なぜ私たちは「隅の席」に座りたがるのか――あの顔、その行動、この言葉に〝ホンネ〟があらわれる！　◇「握手」をするだけで、相手がここまでわかる　◇よく人に道を尋ねられる人の特徴　◇いわゆる「ツンデレ」がモテる理由……「深層心理」が見えてくる本！

K30433